초등학교부터 시작하는 논술
오디세이
5 단계

머리말

오디세이는 미국 하버드대학 교수들이 중심이 되어 개발한 세계적인 사고력 개발 프로그램입니다. 어린이철학교육연구소는 지금으로부터 8년 전 이 프로그램을 번역하여 한길사를 통해 펴낸 바 있습니다. 그 후 이 프로그램은 전국의 학부모, 교사들로부터 아낌없는 칭송을 받아 왔습니다. 그러나 이 프로그램의 놀라운 성과와는 별도로 한 가지 해결해야 할 문제가 있었는데, 이는 난이도에 따라 단계적으로 구성되지 않았다는 점입니다. 그동안 이 프로그램은 주로 초등학생들이 널리 사용해 왔는데, 이때 부딪히는 문제가 바로 그런 문제였던 것입니다. "오디세이 프로그램은 몇 학년부터 이용해야 좋은가? 저학년도 할 수 있을 것 같아 사서 해 보니 갑자기 너무 어려워 도중에 그만두고 말았다." 등등 주로 단계별 난이도에 관한 문의가 많았습니다. 이에 우리 연구소 연구팀은 이 프로그램을 현장에 투입해 본 실전 경험을 살려, 기초가 되는 1단계부터 시작해서 6단계까지 모두 6권의 책으로 이를 재구성해 다시 펴내게 된 것입니다. 이제는 초등학교 1학년부터 6학년까지 누구나 1단계부터 시작하여 차례차례 가능한 단계까지 이 프로그램에 도전할 수 있게 된 것입니다.

〈오디세이〉의 주인공 오디세우스가 온갖 어려움을 극복하고 마침내 꿈에 그리던 고향집으로 돌아갔듯이, 이 책을 공부하는 학생들도 〈오디세이〉의 생각모험을 통해 고차적 사고력을 얻고 뜻했던 곳으로 나아갈 것을 믿습니다. 이 책은 지난 몇 년간 어린이철학교육연구소에서 공부하는 1학년부터 6학년까지의 어린이들이 실제로 〈오디세이〉 프로그램에 도전하면서 보여 준 놀라운 성취와 함께 그들이 만났던 어려움과 시행착오를 밑거름으로 삼아 심규장 박사가 이를 종합·정리하여 다시 만들었습니다.

처음 〈오디세이〉 프로그램을 함께 연구하고 번역할 때 노력을 아끼지 않은 전영삼, 남철우, 서규선, 임근용, 위향숙, 손재원, 김상준 선생님들의 노고를 잊을 수 없으며, 이번에 새로 책을 만들면서 주도적인 노력을 한 심규장 박사께 깊은 감사를 드립니다. 또한 보다 좋은 책이 될 수 있도록 정성을 다한 소년한길 편집부에도 감사를 드립니다.

2002년 11월 19일
어린이철학교육연구소 소장 박민규

5단계에서 배울 내용

하나의 글이 갖는 의미는 글쓴이의 목적, 글쓴이의 관점, 독자의 지식에 따라 달라집니다. 따라서 글의 의미를 이해하기 위해서는 4단계에서 학습한 낱말 뜻의 차이와 글의 구조를 파악하는 것 외에도, 글쓴이의 목적, 글쓴이의 관점, 그리고 주제를 알아내야 합니다. 그리고 생활에 깊이 들어와 있어서 당연히 그렇게 생긴 것으로 무심코 넘어갈 수 있는 자잘한 용품들이 어떤 창의적인 발상을 토대로 만들어졌는지 분석하는 활동도 하게 됩니다.

정보의 해석

여기서는 글의 의미를 제대로 파악하기 위해서 글쓴이의 목적이나 관점, 글의 주제뿐만 아니라, 등장인물의 의도와 관점, 등장인물의 말과 행동을 세심하게 살펴보는 활동을 하게 됩니다. 어떤 글의 의미는 그것을 읽는 독자 자신의 관점과 글쓴이가 제공하는 단서와 암시에 의존합니다. 곧, 어떤 글에 대한 해석은 독자 자신의 지식과 경험에 따라 크게 달라진다는 것입니다.

창의적 사고

창의적 사고는 우리가 할 수 있는 사고 중에서 가장 차원 높고 흥미 있는 사고 활동입니다. 여기서는 어떤 사물을 보고, 줄곧 '이 물건은 왜 이런 모양으로 만들어졌을까?'라는 질문을 머릿속에 담고 창의적으로 문제를 풀어 가는 활동을 합니다. 먼저, 연필이나 의자와 같이 간단하면서도 구체적인 발명품을 대상으로 분석하고, 비교하고, 변형하는 활동을 한 다음, 직접 발명을 해 보는 활동을 하게 됩니다.

차례

머리말 · 2
5단계에서 배울 내용 · 3

Ⅰ. 정보와 해석

1. 드러난 사실과 숨겨진 사실
첫 번째 생각여행 글을 쓰는 이유 · 8
두 번째 생각여행 이야기 읽고 분석하기 · 12
생각연습 · 16

2. 모든 이야기에는 의도가 있다
첫 번째 생각여행 등장인물이 품은 의도 · 20
두 번째 생각여행 등장인물의 의도와 지은이의 의도 알아내기 · 23
생각연습 · 26

3. 바꾸어 놓고 생각하기
첫 번째 생각여행 목적과 관점에 대해서 생각하기 · 28
두 번째 생각여행 등장인물들의 관점 파악하기 · 30
세 번째 생각여행 다른 사람의 관점에 대한 오해 · 34
생각연습 · 37

4. 글쓴이의 관점 파악하기
첫 번째 생각여행 글쓴이가 숨겨 놓은 관점 찾기 · 40
두 번째 생각여행 다른 등장인물의 관점에서 이야기 다시 쓰기 · 42
생각연습 · 46

5. 외계인이 지구를 관찰한다면
첫 번째 생각여행 알고 있는 지식의 개별성 · 48
두 번째 생각여행 사전 경험의 중요성 · 50
생각연습 · 55

Ⅱ. 창의적 사고력 키우기

6. 발명품의 비밀
첫 번째 생각여행 발명품이란 · 60
두 번째 생각여행 발명품의 분석 방법 · 61
생각연습 · 63

7. 발명품 비교하기
첫 번째 생각여행 발명품 비교 방법 · 66
생각연습 · 68

8. 발명품 변형하기
첫 번째 생각여행 발명품 변형 방법 · 70
두 번째 생각여행 발명품 변형 단계 · 72
생각연습 · 74

9. 발명품에 숨어 있는 원리
첫 번째 생각여행 물체 고정 기구의 발명 원리 · 78
생각연습 · 80

10. 발명품 평가하기
첫 번째 생각여행 발명품 평가 기준 · 84
두 번째 생각여행 발명품 평가 방법 · 86
생각연습 · 88

11. 발명품 개선하기
첫 번째 생각여행 발명품 개선 방법 · 90
두 번째 생각여행 '크레파스' 개선하기 · 92
생각연습 · 94

12. 발명품 만들기
첫 번째 생각여행 발명품 만들기 단계 · 98
두 번째 생각여행 실제로 발명품 만들어 보기 · 100
생각연습 · 103

5단계 평가문제 · 108
해답 및 학습지도안 · 116

I. 정보와 해석

 드러난 사실과 숨겨진 사실

▶▶▶오늘 생각할 내용

1. 글 속에는 어떤 내용이 드러나 있고 어떤 내용이 숨겨져 있을까?
2. 이야기(우화) 속에 들어 있는 교훈을 찾아내는 방법은 무엇일까?

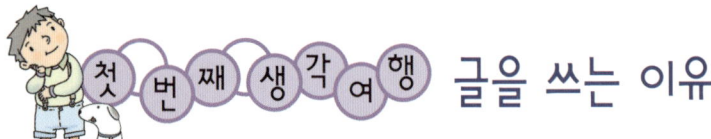 글을 쓰는 이유

1-1 어떤 글을 제대로 이해하기 위해서는 글쓴이가 글을 쓴 목적이 무엇인지 알아내야 합니다. 여러분이 멀리 떨어져 사는 친척에게 편지를 쓴다고 하면, 어떤 목적 또는 이유가 있을 수 있나요?

1-2 여러분은 광고문을 본적이 있나요? 아래에 있는 식당 광고문을 잘 보고 함께 생각해 봅시다.

1) 이 광고문을 잘 살펴보고 광고문에 들어 있는 정보들을 찾아서 적어 보세요.

	광고문에 나타난 정보
식당 이름	
파는 음식	
문 여는 시간	
전화번호	
위치	

2) 앞의 광고를 더 따져 보기 전에, 다음과 같이 외식을 하는 경우에 여러분은 일반적으로 어떤 종류의 식당을 선택할 것인지 생각해 보세요.

   ① 내 주머니에 10,000원이 있다. 친구와 함께 점심을 먹고 싶다.

   ② 오늘은 부모님 결혼기념일이다. 우리 가족 모두 저녁에 외식을 하고 싶다.

3) '베르사이유 레스토랑'은 어떤 경우에 이용하기 알맞은 식당인지 생각해 봅시다. 그 광고문에서 직접 말하고 있지는 않지만, 암시적으로 말하고 있는 것은 무엇인가요?

	광고문이 암시적으로 보여 주는 정보
식당의 분위기는?	
식사의 형태는? (간단/복잡, 평범/세련)	
식당에 오는 사람들의 옷차림은?	
어떤 종류의 사람이 주로 올까?	
식사 가격대는? (싸다/비싸다/보통이다)	

1-3 다음 광고문을 잘 살펴보고, 이 광고문이 직접적으로(명시적으로) 보여 주고 있는 것과, 간접적으로(암시적으로) 보여 주고 있는 것을 찾아보세요.

구분		알려 주는 정보
광고문이 직접 알려 주고 있는 것	식당 이름	
	음식의 종류	
	파는 시간	
	전화번호	
	위치	
광고문이 암시적으로 알려 주는 것	분위기	
	식사의 형태	
	주로 오는 손님	
	손님들의 옷차림	
	음식 가격의 수준	

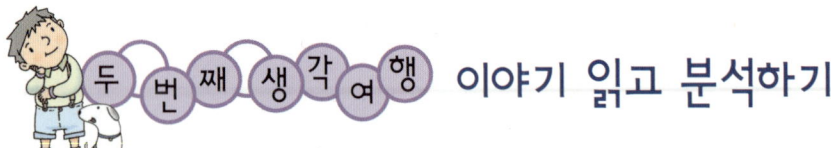
이야기 읽고 분석하기

2-1 다음 우화가 암시적으로 말하고 있는 교훈이 무엇인지 찾아봅시다.

개미와 베짱이

어느 여름날, 베짱이 한 마리가 풀밭에서 이리저리 뛰어다니며 기분 좋게 찌르르 찌르르 하면서 노래를 부르고 있었습니다. 그 곁으로 개미 한 마리가 옥수수 한 알을 집으로 옮기려고 애를 쓰면서 낑낑대고 있었습니다.

"그렇게 애쓸 필요가 뭐 있니? 여기에서 나랑 놀자."

베짱이가 말했습니다. 그러자 개미가 베짱이를 올려다보며 대답했습니다.

"겨울에 먹을 식량을 지금 준비하지 않으면 안 돼. 너도 준비해야 하잖아."

"겨울이 뭐가 걱정이니? 이렇게 먹을 것이 널려 있는데…."

베짱이는 개미의 말은 들은 체 만 체하고 노래를 부르며 놀기만 했습니다. 여름이 가고 가을이 가고 겨울이 찾아왔습니다. 베짱이는 먹을 것이 하나도 없었습니다. 배가 고파서 죽을 지경이 되었습니다. 그러나 개미는 여름 동안 모아 놓은 식량이 창고에 가득했습니다. 개미는 노래도 부르고 춤도 추면서 즐겁게 겨울을 보내고 있었습니다.

1) 이 이야기에 담긴 교훈을 알려면 각 등장인물이 무슨 말을 하고 어떤 행동을 하는지, 그리고 그 결과는 어떻게 되었는지 잘 살펴보아야 합니다. 아래에 등장인물의 행동에 따른 결과를 정리해 보세요.

등장인물	행동	결과
개미	일을 열심히 함	
	식량을 많이 저장함	
	베짱이에게 일을 하라고 함	
베짱이	노래를 부르며 놀기만 함	
	개미에게 놀자고 함	
	식량을 저장하지 않음	

2) 이제 이 이야기의 교훈을 찾아봅시다. 다음의 내용들이 교훈이 될 수 있는지 없는지 각각 따져 보고 그 이유를 생각해 볼까요?

① 놀 수 있을 때 즐겁게 놀면서 즐기자. (×, ○)

이유 _____

② 다른 사람에게 이렇게 해라 저렇게 해라 말하면 안 된다. (×, ○)

이유 _____

③ 열심히 일만 하면 인생을 즐기지 못한다. (×, ○)

이유 _____

④ 나중을 위해서 지금 열심히 일을 하지 않으면 안 된다. (×, ○)

이유 _____

2-2 다음 이야기를 읽고 생각해 봅시다.

> 이솝이 어렸을 때의 일입니다. 하루는 이솝의 선생님이 이솝에게 목욕탕에 가서 사람이 많은가 알아보고 오라고 시켰습니다. 한참 후에 돌아온 이솝은 "한 사람밖에 없습니다." 하고 말씀을 드렸습니다. 선생님은 그 말을 듣고, 여러 제자들과 함께 목욕을 하러 갔습니다. 그런데 이솝의 말과 달리, 목욕탕에는 발을 디딜 틈도 없이 사람들이 많았습니다. 도저히 들어가서 목욕을 할 수 없을 지경이었습니다. 화가 난 선생님이 큰 소리로 이솝에게 물었습니다.
>
> "이놈아, 도대체 이게 어찌된 일이냐? 한 사람밖에 없다더니 이렇게 많지 않느냐?"
>
> 그러자 이솝이 다음과 같이 대답을 했습니다.
>
> "제가 왔을 때, 목욕탕 문 앞에 큰 돌이 하나 놓여 있었습니다. 사람들이 그것을 못 보고 자꾸 걸려서 넘어지곤 했습니다. 그러나 아무도 그 돌을 치우지 않고 피해서 목욕탕으로 들어갔습니다. 그런데 한 노인이 땀을 뻘뻘 흘리면서 그 돌을 치워 놓고 목욕탕으로 들어가는 것이었습니다. 그래서 _____."
>
> 이솝의 말을 들은 선생님은 고개를 끄덕이며, 이솝의 머리를 쓰다듬어 주셨습니다.

1) 마지막 부분에서 이솝은 선생님께 무엇이라고 말을 했을까요?

2) 아래에 등장인물의 행동에 따른 결과를 정리해 보세요.

등장인물	행동	결과
이솝		
선생님		
목욕탕에 온 사람들		
돌을 치운 노인		

3) 이제 이 이야기의 교훈을 찾아봅시다. 다음의 내용들이 교훈이 될 수 있는지 될 수 없는지 각각 따져 보고 그 이유를 생각해 볼까요?

① 목욕은 자주 해야 한다. (×, ○)
　이유 _____

② 심부름을 하려면 제대로 해야 한다. (×, ○)
　이유 _____

③ 사람다운 일을 해야만 참다운 사람 대접을 받을 수 있다. (×, ○)
　이유 _____

2-3 우화는 교훈을 주기 위해서 쓰인 이야기입니다. 교훈을 찾기 위해서 할 일을 적어 봅시다.

① _____
② _____
③ _____

3-1
다음 우화를 읽고 그 속에 담겨 있는 교훈이 무엇인지 찾아봅시다.

까마귀와 물동이

까마귀 한 마리가 목이 말라서 죽을 지경이었습니다. 그런데 저쪽에 물동이가 있는 것을 발견하고 까마귀는 기뻐서 소리를 질렀습니다.

"까악, 까악! 물동이다. 물동이다!"

가까이 가 보니 그 물동이 안에는 물이 들어 있었습니다. 그러나 불행하게도 부리가 물에 닿기에는 물동이의 속이 깊고, 물도 많지 않았습니다.

"그렇지. 이 물동이를 옆으로 기울이면 물이 부리에 닿을지도 몰라. 그러면 물을 맛있게 마실 수 있을 거야."

까마귀는 중얼거리면서 물동이를 옆으로 기울여 보았지만, 물동이가 너무 무거워 꼼짝도 하지 않았습니다. 그냥 포기할까 했는데 좋은 생각이 번쩍 떠올랐습니다. 까마귀는 주변에 있는 조약돌을 부지런히 주워 와서 물동이에 넣기 시작했습니다. 퐁당퐁당 조약돌이 떨어졌습니다.

물이 조금씩 위로 차오르기 시작했습니다. 마침내 물은 물동이의 꼭대기까지 올라왔습니다. 까마귀는 물동이의 물을 아주 맛있게 마실 수 있었습니다.

1) 이야기에 담긴 교훈을 알려면 등장인물이 무슨 말을 하고 어떤 행동을 하는지, 그리고 그 결과는 어떻게 되었는지 잘 살펴보아야 합니다. 아래에 까마귀의 행동과 그 결과를 정리해 보세요.

등장인물	행동	결과
까마귀		

2) 이제 이 이야기의 교훈을 찾아봅시다. 다음의 내용들이 교훈이 될 수 있는지 될 수 없는지 각각 따져 보고 그 이유를 말해 볼까요?

① 운이 있는 사람은 아무의 도움도 필요하지 않다. (×, ○)

이유 _____

② 끈기 있게 기다리기만 하면, 언젠가는 원하는 것을 얻을 수 있다. (×, ○)

이유 _____

③ 문제가 생겼을 때, 이리저리 해결하려고 노력하면, 언젠가는 그 해결책을 찾을 수 있다. (×, ○)

이유 _____

④ 다른 사람에게 도움을 청하려고 하기보다, 자기 문제는 자기 스스로 해결하려는 태도를 가져야 한다. (×, ○)

이유 _____

3-2 다음 우화를 읽고 암시적으로 말하고 있는 교훈이 무엇인지 찾아봅시다.

어부와 물고기

바닷가에서 한 어부가 물고기를 잡았습니다. 어부가 물고기를 물 밖으로 끌어내자, 그 물고기가 이렇게 외쳤습니다.

"살려 주세요. 제발 살려 주세요. 저는 물 밖에서는 살 수 없어요."

그러자 어부는 물고기를 놀리면서 말했습니다.

"이 바보야. 숨을 쉬어 봐. 나처럼 이렇게 말이야!"

그런데 파도가 크게 쳐서 배가 뒤집히는 바람에 어부는 그만 물속에 빠지고 말았습니다. 어부는 외쳐 댔습니다.

"숨을 못 쉬겠네. 나를 살려 다오! 물속에서는 숨을 쉴 수가 없어."

그러자 작은 물고기는 이렇게 말했습니다.

"이 바보야, 숨을 쉬어 봐. 물속에서 숨을 쉬어 봐. 내가 하는 대로 말이야."

1) 이 이야기에 담긴 교훈을 알려면 각 등장인물이 무슨 말을 하고 어떤 행동을 하는지, 그리고 그 결과는 어떻게 되었는지 잘 살펴보아야 합니다. 아래에 등장인물의 행동에 따른 결과를 정리해 보세요.

등장인물	행동	결과
어부		
물고기		

2) 이제 이 이야기의 교훈을 찾아봅시다. 다음의 내용들이 교훈이 될 수 있는지 될 수 없는지 각각 따져 보고 그 이유를 생각해 볼까요?

① 한번 잘못 처리한 일은 조심스럽게 다시 해야 한다. (×, ○)

　　이유 _____

② 다른 사람을 대할 때에는, 내가 그 사람의 처지에 있다면 어떠한 기분일지 항상 생각해야 한다. (×, ○)

　　이유 _____

③ 거짓말쟁이의 입에서 나오는 말은 믿을 것이 못 된다. (×, ○)

　　이유 _____

④ 자신이 할 수 없는 것을 할 수 있는 척해서는 안 된다. (×, ○)

　　이유 _____

2 모든 이야기에는 의도가 있다

▶▶▶ 오늘 생각할 내용

1. 이야기 속에 등장하는 인물들이 의도하고 있는 것은 무엇인가?
2. 글쓴이가 이야기를 통해서 의도하고 있는 것은 무엇인가?

  등장인물이 품은 의도

1-1 다음 글을 읽고 등장인물들이 갖고 있는 의도(목적)는 무엇인지 생각해 봅시다.

> 세나와 나리는 학교 공부가 끝나면 서로의 집에 자주 놀러 가곤 합니다. 오늘 아침 세나는 오후에 나리네 집에서 놀 생각을 하고 전화를 걸었습니다.
> "나리야, 안녕?"
> "세나야, 안녕? 세나야, 내 말을 잘 들어 봐. 나한테 오후 내내 같이 지내고 싶은 친구가 있는데, 글쎄 우리 부모님이 손님을 저녁 식사에 초대한다지 뭐야. 그래서 내가 많이 도와드려야 할 것 같아. 문제는 어떻게 그 친구에게 꼭 한 시간만 놀자고 말할까 하는 거야. 그 친구의 마음을 상하지 않게 하면서 말이야. 너라면 어떻게 하겠니?"
> 나리의 말을 듣고, 세나가 말했습니다.

> "만일 그 아이가 너의 진정한 친구라면, 아마도 네가 솔직하게 말하면 기분 나빠하지는 않을 거야."
> 그러자 나리가 밝은 목소리로 말했습니다.
> "그렇게 생각하니? 세나야, 그러면 빨리 우리 집에 와서 재미있게 놀자."
> 세나와 나리는 한 시간 동안 재미있게 놀았고, 세나가 집으로 돌아간 뒤 나리는 부모님 일을 거들어 드렸습니다.

1) 세나가 나리에게 전화를 건 의도는 무엇인가요?

2) 나리가 가지고 있는 생각이나 의도는 무엇인가요?

3) 나리는 자기의 생각과 의도를 어떻게 이룰 수 있었나요?

1-2 다음 이야기를 읽고 물음에 답해 보세요.

> 옛날에 정만쇠라는 사람이 장터에 갔다가 갑자기 똥이 마려웠습니다. 그래서 한 집을 찾아가 주인에게 똥을 눌 수 있게 해 달라고 사정사정을 하였습니다. 그러나 주인은 어림없다는 듯이 고개를 홱 돌리고 대문을 닫으려고 하였습니다. 정만쇠는 똥이 막 나올 지경이라 끙끙거렸습니다. 정만쇠는 할 수 없이 자기가 갖고 있던 전 재산 50전을 내주며 다시 사정했습니다.
>
> 그제야 주인은 못 이기는 척하면서 정만쇠가 자기 집에서 똥 누는 것을 허락했습니다. (   ) 생각하고 변소에 들어간 정만쇠는 변소 안에 눌러앉아 나오지 않았습니다.

1) 괄호 안에 들어갈 말을 생각해 봅시다.

2) 정만쇠가 변소 안에 눌러앉아 나오지 않은 의도는 무엇인가요?

3) 위 질문의 답변을 생각하며, 이야기의 뒷부분을 꾸며 보세요.

4) 이 이야기에 알맞은 제목을 붙여 보세요.

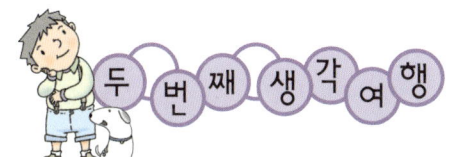

등장인물의 의도와 지은이의 의도 알아내기

2-1 다음 글을 읽고 등장인물의 행동과 생각에 대해서 생각해 봅시다.

어느 날, 현수는 거실에서 장난을 치다가 넘어지면서 탁자에 이빨이 부딪히고 말았습니다. 이빨의 일부가 부러져 나가 들쭉날쭉 톱니 모양이 되었습니다. 바로 이 순간부터 현수의 삶이 바뀌기 시작했습니다.

현수는 하루 종일 혀끝으로 부러지고 남은 이빨을 깔짝거렸습니다. 생각을 온통 거기에만 집중하고서 아무 일도 하지 않았습니다. 현수는 아무것도 하고 싶지 않았습니다. 그렇게 되니까, 문제만 일으키고 소란스럽던 성격이 조용해지고, 차분한 아이로 변하게 되었습니다. 개구쟁이 아들에 대한 이웃들의 불평에 골머리를 앓던 현수의 부모님은 기뻐하셨습니다. 하지만 현수의 성격이 갑자기 바뀌어서 걱정이 되기도 하였습니다.

현수는 입을 열지 않은 채, 마치 최면에 걸린 사람처럼 가만히 앉아 있기만 했습니다. 몇 시간씩 계속 한자리에 멍하니 앉아 있었습니다. 현수가 닫힌 입속에서 혀끝으로 열심히 부러진 이빨을 더듬고 있는 줄은 아무도 몰랐습니다. 현수는 그 일 외에는 다른 아무 생각도 하지 않았습니다.

현수 어머니는 남편에게 말했습니다.

"아이가 이상해요. 병원에 가 보아야겠어요."

병원에서 의사 선생님이 진찰을 해 보았지만, 맥박도 정상이고, 식욕도 왕성하고, 얼굴빛도 좋았습니다. 아무런 병의 증상도 나타나지 않았습니다.

진찰을 끝내고 의사 선생님이 말씀하셨습니다.

"저, 부인!"

잔뜩 걱정이 된 현수 어머니가 물었습니다.

"어떻게 된 거지요, 선생님?"

"제 소견으로는, 댁의 아드님은 아주 정상입니다. 다만, 성격의 변화가 아주 심하다는 것은 분명합니다. 댁의 아드님은 일종의 '생각앓이' 같은 것을 하고 있군요. 말하자면, '철학자'가 된 것 같습니다."

현수의 입속 어두운 곳에서는 혀끝이 부러진 이빨을 계속 더듬고 있었습니다. 현수에게 다른 생각은 아무것도 없었습니다.

1) 현수가 말을 하지 않은 까닭은 무엇인가요?

2) 현수의 행동 변화에 대한 현수 부모님의 생각은 어떠했나요?

3) 현수에 대한 의사 선생님의 생각은 무엇인가요?

> 현수의 부모님과 친척들은 의사 선생님의 말씀을 믿었습니다. 이 이야기를 전해 들은 이웃 사람들도 믿었습니다. 현수의 부모님은 기뻤습니다. 사고뭉치 개구쟁이가 철학자가 되다니 믿어지지가 않았습니다. 온 마을 사람들이 현수를 보면 '신동'이니 '천재'니 하면서 수군거렸습니다. 심지어 현수를 장난꾸러기라고만 생각했던 담임 선생님조차도 그 소문이 사실일지도 모른다고 생각했습니다.
>
> '그래, 아인슈타인도 글을 잘 읽지 못했고, 셰익스피어도 장난꾸러기였지.'
>
> 선생님은 이렇게 생각했습니다.
>
> 현수 부모님은 현수 공부방에 어려운 책들을 많이 가져다 놓았습니다. 현수는 엄청난 책에 둘러싸여 자라났습니다. 현수는 눈앞에 있는 책들을 그저 바라만 볼 뿐이었습니다. 책을 읽지는 않았습니다. 부러진 이빨의 오돌도돌한 모서리를 혀끝으로 문질러 대느라 정신을 빼앗기곤 했습니다. 여전히 아무런 말도 하지 않았고, 다른 생각은 아무것도 없었습니다.
>
> 현수가 자라남에 따라 사람들은 현수를 사색가, 도사라고 부르기도 했습니다. 누구나 현수가 깊은 명상에 잠겨 있는 것을 보고는 감탄을 금치 못했습니다. 그러는 중에도 현수는 입속 어두운 곳에서 자기의 부러진 이빨을 혀로 열심히 핥고 있었습니다. 다른 생각은 아무것도 없었습니다.

> 세월이 많이 흘렀습니다. 현수는 이제 너무나 유명해져서 TV 방송에서 현수에 관한 특별 생방송 프로그램을 마련했습니다. 현수는 중앙에 있는 좌석에 여전히 말없이 앉아 있었습니다. 많은 시청자들이 이 위대한 사색가, 신비스런 명상가를 보려고 TV를 지켜보았습니다.
> 바로 그때, 현수가 입을 오물오물하더니 무엇인가를 입 밖으로 툭 뱉었습니다. 부러진 이빨이었습니다.

4) 이야기 속의 등장인물들이 각각 마음속에 품고 있는 생각은 무엇인가요? (현수, 현수 부모님, 선생님, TV 시청자들, TV 프로그램 제작자들)

5) 글쓴이는 이 이야기를 통하여 독자에게 무엇을 말하고자 하나요? 즉, 글쓴이가 이 이야기를 쓴 의도는 무엇인가요?

6) 그러한 글쓴이의 의도에 비추어 볼 때 여러분은 글쓴이가 이 이야기를 어떻게 끝맺을 것이라고 생각하나요?

3-1
다음 이야기를 읽고 등장인물이 가진 의도와 글쓴이가 이 이야기를 쓴 의도가 무엇인지 생각해 봅시다.

> 어느 마을에 아주 착한 한 젊은이가 홀어머니를 모시고 살고 있었다. 그 젊은이는 비록 가난하게 살기는 했지만, 남을 속이거나 요행을 바라는 일이 없이 그저 묵묵히 자기 일에 충실했다.
>
> 하루는 일을 마치고 저녁거리를 사기 위해 시장으로 나갔다. 그날은 어머니의 생신이었기 때문에 모처럼 어머니가 좋아하는 생선을 요리해 드릴 생각이었다. 젊은이가 이것저것 고르고 있는데, 가게 주인인 할아버지가 말했다.
>
> "이 고등어들은 오늘 가져온 것이라서 꽤 싱싱하다오."
>
> 젊은이는 고등어를 몇 마리 사 가지고 집으로 돌아왔다. 그런데 젊은이가 고등어 요리를 하려고, 막 칼로 고등어를 베는 순간, 고등어 안에서 노랗게 빛나는 금화가 하나 나왔다. 젊은이는 그 금화를 가지고 얼른 생선 가게로 뛰어갔다.
>
> "할아버지, 이 금화가 고등어 속에서 나왔어요."
>
> "무슨 소리야. 고등어 안에서 어떻게 금화가 나와. 거짓말하지 말고 어서 돌아가."
>
> 생선 가게 할아버지가 자기의 말을 믿지 않자 젊은이는 발을 동동 굴렀습니다. 젊은이가 하도 열성적으로 설명하면서 금화를 놓고 가려 하자, 할아버지는 젊은이의 손을 덥석 잡으며 이렇게 말하였다.
>
> "사실은 내가 그 고등어 속에 금화를 하나 넣어 두었네."

1) 이 이야기의 뒷부분을 꾸며서 발표해 봅시다. 그리고 왜 그렇게 꾸몄는지 말해 보세요.

2) 꾸민 이야기에 비추어, 할아버지가 금화를 고등어 속에 넣은 의도는 무엇인가 말해 보세요.

3) 글쓴이의 의도는 무엇인가요?

3 바꾸어 놓고 생각하기

▶▶▶ **오늘 생각할 내용**

1. 동일한 것에 대해서 사람들마다 생각이나 관점이 다른 이유는 무엇일까?
2. 이야기 속 등장인물들의 관점을 어떻게 알아낼 수 있을까?

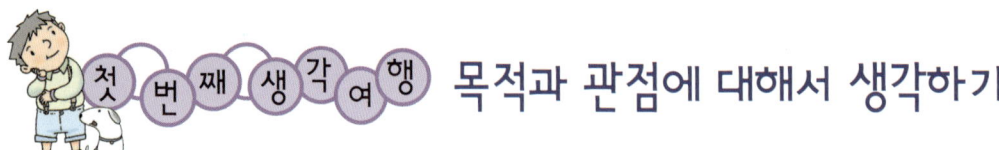

첫 번째 생각여행 **목적과 관점에 대해서 생각하기**

1-1 다음 글을 읽고 대답해 봅시다.

> 선생님: 희철아, 네가 좋아하는 음식들을 말해 보겠니?
> 희　철: 저는 아이스크림, 피자, 사탕, 케이크를 좋아해요.
> 선생님: 정숙이는 좋아하는 음식이 뭐지?
> 정　숙: 저는 김치찌개, 떡볶이, 찐빵 같은 것을 좋아해요.
> 선생님: 너희 둘은 좋아하는 음식이 많이 다르구나. 희철아, 네가 만약 정숙이에게 맛있는 음식이나 간식을 대접한다면, 피자를 대접하겠니, 떡볶이를 대접하겠니?
> 희　철: 떡볶이요.
> 선생님: 왜 그렇게 생각하니? 너는 피자를 더 좋아한다고 했는데?
> 희　철: _____.

1) 희철이는 마지막에 무엇이라고 말했을까요?

2) 여러분이 누군가를 초대해서 잘 대접하려면, 무엇을 고려해야 하나요?

1-2 다음 물음에 대해 생각해 봅시다.

1) '관점'이란 무엇인가요?

2) 어떤 것에 대해서 사람들마다 '관점'이 다른 이유는 무엇일까요?

등장인물들의 관점 파악하기

2-1 다음 이야기를 읽고 물음에 답해 보세요.

사무엘스 설득하기 1

1775년 어느 봄날, 프리슬리와 제임스는 사무엘스의 집에 찾아왔다. 두 사람은 사무엘스에게 미국 독립군이 영국군과 싸우는 데 필요한 자금을 대 달라고 설득하였다. 매우 늦은 시간이었고 모두들 지쳐 있었지만, 사무엘스는 아직 결론을 내리지 못하고 있었다. 사무엘스가 말하였다.

"두 사람의 말씀은 잘 들었습니다. 하지만 이 일은 내가 쉽게 결론을 내릴 수 있는 것이 아닙니다. 전쟁은 아이들 놀이가 아닙니다. 아주 많은 돈이 들 뿐만 아니라, 귀중한 생명이 많이 희생됩니다. 우리의 친구들이나 이웃뿐만 아니라, 적군의 생명들도 희생될 수밖에 없습니다. 영국에는 우리들의 가족과 친척들이 살고 있기도 합니다."

이 말을 듣고 제임스가 말했다.

"물론 이해합니다, 사무엘스 씨. 우리 조상들도 영국에서 왔습니다. 그러나 믿음과 사랑이 없이 단지 핏줄만 같다는 것이 무슨 소용이 있겠습니까? 우리는 모두 힘을 합쳐서 영국에 대항해 싸워야만 합니다."

사무엘스는 두 사람에게 간곡히 말하였다.

"제임스 씨, 나의 부모님이 그곳에 계시고, 친구들도 그곳에 살고 있습니다. 그 사람들이 우리를 미워하거나 이용한 것은 아닙니다. 우리가 미워하고 분노해야 할 대상은 영국 왕과 의회일 따름입니다. 전쟁터에 끌려온 병사들도 우리가 미워해야 할 대상은 아닙니다. 전쟁은 마지막 수단이 되어야 합니다. 나는 영국이 요구하는 특별세금문제에 대해서 아직도 영국 당국과 협상의 여지가 있다고 생각합니다."

1) 사무엘스가 결정해야 할 사항은 무엇이고, 그의 입장은 무엇인가요?

   ① 결정해야 할 사항

   ② 사무엘스의 입장

   ③ 사무엘스가 그런 입장을 취한 이유

2) 제임스의 주장은 무엇인가요?

3) 영국과 미국의 전쟁에 대해서 제임스와 사무엘스의 관점이 다른 이유는 무엇인가요?

사무엘스 설득하기 2

그때 옆에서 듣고만 있던 프리슬리가 언성을 높였다.

"사무엘스 씨, 그 점에 관해서라면 그렇게 생각할 수도 있겠지요. 그러나 문제는 그 특별세가 아닙니다. 과거와 미래의 모든 세금이 문제이지요. 그들은 우리에게 영국 국민으로서 영국 헌장에 규정된 것 이상으로 세금을 내라고 하면서, 우리를 영국 국민으로 대우는 해 주지 않고 있습니다. 그들은 우리가 다른 나라와 교역할 권한을 주지도 않습니다. 그들은 총을 가진 군인들을 보내어 우리들을 감시하기까지 합니다. 많은 사람들이 이미 그들의 손에 죽임을 당했습니다. 더 이상 참을 수 없습니다. 우리는 누구의 소유물이 아니라 존중받아야 할 인간입니다. 만일 영국 당국이 우리를 정당한 권리를 가진 영국 국민으로 대우해 주지 않는다면, 우리도 더 이상 가만히 있을 수는 없습니다."

"프리슬리 씨, 당신의 말을 잘 들었습니다. 어쩌면 당신이 말한 것보다 더 강력한 조치가 필요할지도 모릅니다. 그러나 이 문제에 대해서 좀 더 시간을 갖고 신중하게 생각해야 합니다."

"우리는 이미 여러 시간을 얘기했지만, 아직도 결론에 이르지 못했습니다. 사무엘스 씨, 나와 프리슬리는 만나 봐야 할 사람들이 더 있고, 시간도 없습니다. 우리는 바로 지금 당신의 도움이 필요합니다."

"제임스 씨, 프리슬리 씨, 충분히 이해합니다만, 제 처지도 생각해 주십시오. 만일 내가 당신들을 돕는다면, 나는 모든 것을 포기해야 할지도 모릅니다. 나는 수출업을 하고 있고, 그 주된 고객은 영국입니다. 내가 여러분을 도왔는데 여러분이 실패한다면, 영국은 나를 상대하지 않을 것입니다. 반대로 여러분이 성공한다 하더라도, 영국은 나와 거래를 끊을 것입니다."

제임스가 자신의 귀를 의심하면서 화를 내며 말했다.

"아니, 당신은 당신 개인 사업의 장래와 국가의 장래를 흥정하겠다는 것입니까? 우리는 당신처럼 개인의 이익만을 생각하는 것을 참을 수 없습니다."

4) 제임스와 프리슬리의 목적은 무엇인가요?

5) 영국과 미국의 전쟁에 대한 사무엘스의 입장 또는 관점은 무엇인가요?

사무엘스 설득하기 3

사무엘스가 말하였다.

"미안합니다. 나는 당신들의 생각이 짧다고 생각합니다. 내 공장에는 지금 많은 사람들이 고용되어 있어요. 그리고 그들의 많은 가족이 우리 공장에 의존해서 살고 있습니다. 전국에 있는 다른 많은 공장들도 우리 공장에 의존해 있습니다. 이런 공장이 문을 닫는다고 생각해 보십시오."

제임스가 큰 소리로 말하였다.

"우리의 생각이 짧다고요? 그럴지도 모르지요. 나는 내 지갑에 얼마가 있는가를 생각하기 전에, 우리나라 어린이들의 장래를 생각하고, 개인적인 이익을 생각하기 전에 국가 전체의 이익을 생각하고…."

프리슬리도 옆에서 말하였다.

"사무엘스 씨, 우리의 요구가 무리한 것임을 잘 알고 있습니다. 그리고 당신의 처지도 잘 알고 있습니다."

"아니요, 당신들은 잘 모릅니다. 나는 이름이 널리 알려졌고, 내가 당신들을 도운 사실을 영국인들이 알게 되면 화가 많이 나서 바로 나를 찾을 겁니다. 결국 당신들이 나를 보고 도와달라는 것은, 내 목숨을 내놓으라는 것과 다를 바가 없습니다."

사무엘스의 말을 듣고, 제임스가 소리쳤다.

"사무엘스, 당신은 겁쟁이, 이기주의자야! 우리들은 모두 목숨을 내걸고 미국의 독립을 위해서 나선 거야! 그런데도 당신은…."

사무엘스가 자리에서 일어서며 말했다.

"잘 가십시오. 나는 지금 마음의 결정을 내렸습니다. 안녕히들 가십시오."

6) 제임스는 사무엘스의 관점에 대해서 어떻게 생각하고 있나요?

7) 사무엘스는 제임스와 프리슬리의 관점 또는 태도에 대해서 어떻게 생각하고 있나요?

8) 제임스와 프리슬리는 사무엘스를 설득하는 일에 성공했나요, 실패했나요? 그렇게 된 까닭은 무엇입니까?

 **세 번째 생각여행** 다른 사람의 관점에 대한 오해

3-1 다음 이야기를 읽고 물음에 답해 봅시다.

> 노마는 외동아들이었다. 그래서 형제가 있는 친구들이 무척 부러웠다. '나에게 동생이 있다면, 얼마나 좋을까. 함께 놀 수 있으니까 심심하지 않을 거야….' 그래서 시간 있을 때마다 부모님께 동생을 낳아 달라고 졸라 댔다. 그러나 아무리 졸라 대도 노마 부모님들은 선뜻 그러겠다고 말씀해 주시지 않았다. 그냥 "알겠다. 언젠가는 동생이 생기겠지…." 하는 말씀만 되풀이할 뿐이었다. 전에 미니카를 사 달라고 졸라 댈 때에도 그렇게 말씀하시다가 사주지 않은 적이 있었다. 그래서 노마는 동생도 생기지 않을 거라고 생각하고 조르는 일을 그만두었다. 노마 부모님도 노마가 조르는 것을 그만둔 거라고 생각했다. 이제는 더 이상 동생을 바라지 않게 된 것 같다고 생각했다.

그러던 어느 날, 부모님이 심각하고 염려스런 표정을 지으시며 아주 신중하게 노마에게 말을 꺼내셨다.

"우리 집에 새 아기가 태어날 것 같구나. 아마도 11월 중순쯤 될 거야."

노마는 만세를 부르며 기뻐하고 싶었지만, 부모님의 심각한 표정을 보고 그만두었다. 자기가 전에 동생을 낳아 달라고 졸라서 걱정을 끼쳐 드린 것이라 생각했다. 노마는 기쁜 표정을 억누르고, 부모님처럼 심각한 표정을 지으려고 애를 썼다. "노마야, 어떻게 생각하니?" 아빠가 묻자, 노마는 "기뻐요." 하고 간단하게 대답을 하였다. 이것을 본 노마 엄마는 노마가 동생이 생기는 것을 싫어하는 것 같아 걱정이 되어서 말없이 미소만 지었다.

그날 밤 잠자리에 들기 전, 노마 엄마는 노마를 걱정하며 이렇게 말하였다. "노마가 잘 받아들이고 있는지 걱정이 돼요. 겉으로는 기쁘다고 말했지만, 표정이 좋지 않았어요. 앞으로 아기를 낳기 전까지 노마가 동생을 잘 받아들일 수 있도록 보살펴 주어야겠어요."

노마도 잠자리에 들어서 곰곰이 생각에 잠겨 있었다. 아까 보았던 엄마의 표정에서 모든 것을 알 수 있을 것 같았다. 노마는 단지 자기가 원하기 때문에 엄마가 아기를 낳으려고 한 것이라고 생각했다. 그래서 앞으로는 엄마가 시키는 심부름도 열심히 하고, 공부도 열심히 하겠다고 속으로 다짐했다.

몇 달이 지루하게 흘렀다. 6월, 7월, 8월, 9월, 10월. 노마는 새로 태어날 동생과 함께 할 일들을 상상해 보았다. 조금 크면 공놀이도 할 수 있고, 자전거도 같이 타고, 컴퓨터게임도 같이 하고…. 생각만 해도 신이 났다.

마침내 아기가 태어났다. 노마는 이틀 후에 아빠와 함께 병원으로 갔다. 노마는 미안해서 엄마를 똑바로 바라보지 못하였다. 엄마는 담요에 싸인 동생을 들어 보이며 노마에게 잘 보라고 말했다. 노마의 눈에 비친 동생은 너무 작고 머리카락도 없고, 눈도 비스듬히 감긴 것이 영 이상하게 보였다. 노마가 기대했던 모습이 아니었다. 노마 엄마는 노마가 크게 기뻐하지 않는 것을 보고, 속으로 걱정이 되었다. 동생이 생기면 부모님의 관심이 동생에게만 쏟아질 것을 두려워하는 것 같기도 하였다.

할아버지, 할머니가 오시고, 다른 친척들도 오셔서 병실 안은 시끌벅적하였다. 그러나 노마가 보기에 엄마는 별로 말을 많이 하시지 않는 것 같았다. 친척들이 모두 돌아가자 노마 엄마는 노마를 조용히 부르셨다.

1) 마지막 부분에서 엄마는 노마에게, 노마는 엄마에게 무엇이라고 말했을까요?

· 엄마

· 노마

· 엄마

· 노마

2) 노마와 노마 엄마는 각각 노마에게 동생이 생기는 문제에 대해서, 어떤 관점을 갖고 있나요? 그리고 상대방이 어떤 관점을 갖고 있다고 생각하고 있나요?

	노마에게 동생이 생기는 것에 대한 관점(입장)	상대방(노마는 엄마에게, 엄마는 노마에게)의 관점에 대한 이해
노마		
노마 엄마		

4-1 다음 글을 읽고 등장인물의 관점에 대해서 생각해 봅시다.

> 어떤 회사의 사장이 한 종업원의 명찰을 들여다보며, 퉁명스럽게 말했다.
> "여보게 351번, 자네는 왜 우리 회사가 자네를 인간으로 대접해 주지 않는다고 생각하는가?"

1) 회사가 종업원을 대하는 방식에 대한 이 종업원의 관점은 무엇인가요?

2) 종업원의 관점에서 볼 때, 사장의 말이나 태도 속에 종업원의 관점을 뒷받침하는 증거가 있는지 찾아보세요.

3) 종업원의 관점에 대한 사장의 관점은 무엇인가요?

3. 바꾸어 놓고 생각하기 37

4-2 다음 글을 읽고 등장인물의 관점에 대해서 생각해 봅시다.

> 어느 날, 내가 출근하려고 버스를 탔을 때 일어난 일입니다. 내가 탄 버스 기사가 갑자기 브레이크를 밟더니 황급히 밖으로 나가는 것이었습니다. 나는 그 사람이 아마도 담배라도 사러 가는 것이겠지 하고 생각했습니다. 그리고 그처럼 이기적이고 무책임한 태도로 여러 사람의 귀중한 시간을 뺏는 것은 참 잘못된 행동이라고 생각했습니다. 그러나 내가 밖을 내다보니 그 기사는 길을 건너는 한 시각장애인을 돕고 있는 것이 아니겠습니까? 버스 기사가 다시 돌아왔을 때, 버스에 타고 있던 승객들은 모두 크게 감동을 받고 박수를 쳐 주었습니다.

1) 버스 기사의 처음 행동에 대해서 '내'가 가진 관점은 어떤 것이었나요?

2) 버스 기사의 다음 행동을 보고 바뀌게 된 '나'의 관점은 어떤 것인가요?

3) 이처럼 처음에 상대방의 관점을 오해했다가, 참된 사실을 알고 나서 관점이 바뀐 경험을 말해 봅시다.

4-3 다음 글을 읽고 등장인물의 관점에 대해서 생각해 봅시다.

> 여동생과 내가 학교에서 영어경시대회 시험지를 가져오자 아버지께서는 우리의 영어 실력이 많이 모자란다고 말씀하셨다. 아버지는 우리에게 영어는 매우 중요하기 때문에, 매일 새로운 영어 단어를 10개씩 외우라고 하셨다. 그러나 우리는 친구들과 노는 일과 TV 보는 데 시간을 빼앗겨서 아버지의 말씀을 제대로 따르지 못하였다. 우리의 행동에 실망하신 아버지는 우리의 공부방에 다음과 같은 쪽지를 붙여 놓으셨다.
> "용돈을 달라는 말을 비롯하여 모든 부탁은 오직 영어를 사용해서 해야만 한다."

1) 영어에 대한 아버지의 관점은 무엇인가요?

2) 영어 공부에 대한 아이들의 관점은 무엇인가요?

3) 영어 공부에 대한 아이들의 관점을 바꾸기 위해서 아버지가 한 일은 무엇인가요?

4) 위 이야기에 나오는 아이들의 영어에 대한 관점을 바꾸게 하기 위해서, 아버지가 취할 수 있는 다른 좋은 방법은 무엇인가요?

4 글쓴이의 관점 파악하기

▶▶▶ **오늘 생각할 내용**

1. 이야기 속에 등장하는 인물의 의도와 관점은 무엇인가?
2. 주인공이 아닌 다른 인물의 관점에서 이야기를 다시 쓰면 어떻게 될까?

첫 번째 생각여행 글쓴이가 숨겨 놓은 관점 찾기

1-1 다음 〈수탉 이야기〉를 읽고 생각해 봅시다.

> 수탉 한 마리가 다른 가축들과 함께 농장에서 살고 있었다. 그 가축들은 모두 좋은 친구들이었는데, 각자 다른 가축들이 하지 못하는 것을 잘 할 수 있었다. 그래서 저마다의 역할을 잘 해내고 있었다. 수탉은 특히 개와 좋은 친구 사이였다. 개는 여우로부터 가축 모두를 보호해 주었기 때문이다. 수탉은 높은 곳에 올라가기를 좋아하고, 여우를 보기만 하면 마구 울어 댐으로써, 개가 빨리 달려 나와서 여우를 멀리 쫓아 버리게 했다.
>
> 어느 날 수탉과 개가 함께 숲 속으로 산책을 나가게 되었다. 오랫동안 걸어서 피로에 지친 두 동물은 잠시 쉬기로 했다. 개는 나무 밑에서 구멍 하나를 발견하고 그리로 들어가서 잠을 잤다. 수탉은 날아서 나무 위로 올라갔다. 거기라면 여우의 공격을 피할 수 있을 것 같았기 때문이다. 수탉은 그곳에서 잠이 들었다.

> 그러다가 수탉은 깜짝 놀라며 잠에서 깨어났다. 여우 한 마리가 나무 밑에서 위를 올려다보고 있었기 때문이다. 여우는 미소를 지으며 수탉에게 말하였다.
> "이런 숲 속에서 수탉을 만나다니 뜻밖이군. 이리 내려와서 나랑 점심이나 먹으면서 네가 사는 곳의 이야기를 좀 해 주지 않을래?"

1) 여우를 본 수탉이 깜짝 놀란 이유는 무엇인가요?

2) 여우가 수탉에게 점심을 같이 먹자고 한 이유는 무엇인가요?

> 수탉은 곰곰이 생각해 보았다. '어리석은 여우로군. 생각처럼 쉽게 나를 잡지는 못할 거야. 내가 개를 친구로 두고 있다는 사실을 모르나 보군.'
> 그래서 수탉은 여우에게 말했다.
> "고맙군. 그렇게 하지. 그런데 내 친구가 하나 있는데, 그 친구를 데려가도 좋겠지?"
> 여우는 나무 전체를 이리저리 둘러보며 말했다.
> "물론이지. 그런데 그 친구는 어디에 있지?"
> 수탉이 말했다.
> "그 친구는 지금 이 나무 구멍 속에서 잠을 자고 있어. 그 친구를 좀 깨워 줄래?"
> 그러자 여우는 나무 구멍 속으로 머리를 들이밀었고, 개는 여우의 코를 물어뜯었다. 여우는 꽁지가 빠지게 도망을 갔다.
> 농장에 돌아온 수탉과 개가 낮에 있었던 일을 다른 가축들에게 들려주자 모두들 배꼽이 빠지게 웃어 댔다.

3) 수탉은 여우의 의도가 무엇이라고 생각하나요?

4) 수탉이 친구를 함께 데려가겠다고 말한 의도는 무엇인가요?

5) 수탉의 성격은 어떤가요?

6) 여우의 성격은 어떤가요?

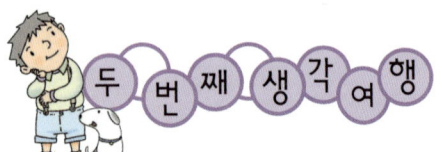 **다른 등장인물의 관점에서 이야기 다시 쓰기**

2-1 다음 〈여우 이야기〉를 읽고 물음에 답해 보세요.

> 여우 한 마리가 숲 속에서 혼자 살고 있었다. 농장 근처에서 살고 싶었지만, 그 주변에는 크고 사나운 개들이 농장을 지키고 있어서 그렇게 할 수 없었다. 깊은 숲 속에서 사는 일은 매우 외로운 것이어서, 여우는 함께 이야기를 나눌 친구가 있었으면 하고 자주 생각했다. 그 밖에 필요한 것은 모두 갖고 있었다. 언제나 먹을 것이 풍부했다. 여우의 집 근처에 많은 생쥐들이 살고 있었고, 생쥐파이는 여우가 가장 좋아하는 음식이었다.
>
> 어느 날 여우는 이른 점심을 든든히 먹고 산책을 나가기로 했다. 세 개의 생쥐파이를 먹었는데, 보통 한 개만 먹던 것에 비하면 정말 많은 양이었다. 그리고 나서 여우는 길을 떠났다. 그런데 잠시 가다 보니 수탉 한 마리가 나뭇가지 위에 앉아 있는 것이 보였다. 수탉은 깊이 잠이 들어 코를 골고 있었다. 여우는 기뻐하며 생각했다. '드디어 함께 얘기를 나눌 기회가 생겼군. 하지만 수탉이 놀라지 않도록 조심해야지. 그렇지 않으면 내가 자기를 잡아 먹으려 하는 것으로 생각하고 말을 하지 않을지도 모르니까. 여기 가만히 앉아 깰 때까지 기다려야지.'

여우는 나무 밑에 앉아서 수탉이 깨어나기만을 기다렸다. 그러면서 '수탉이 위험을 피하려고 저런 나무 위에서 잠을 자고 있는 것을 보니 그다지 영리하지는 못하구나.' 하고 생각했다. 자기처럼 날쌘한 여우라면 저 정도의 나무쯤은 단숨에 올라갈 수 있기 때문이었다. 그러나 여우는 나무에 오르지 않고 수탉이 깨기를 기다려 따뜻하고 편안한 자기 집으로 초대하여, 생쥐파이를 나누어 먹으면서 오후 내내 이야기를 나눠야겠다고 생각했다.

바로 그때 수탉이 깨어났다. 여우를 본 수탉은 놀라서 어찌할 바를 몰랐다. 이를 본 여우는 속으로 생각했다. '어어, 출발이 별로 좋지 않네!' 그러면서도 아주 정중한 목소리로 말했다. "이런 숲 속에서 수탉을 만나다니 정말 뜻밖이야! 이리 내려와서 나와 함께 점심이나 먹으면서 네가 사는 곳의 이야기를 좀 해 주지 않을래?"

수탉은 잠시 생각에 잠기더니 이렇게 말했다.

"고마워. 그렇게 하도록 할게. 그런데 나에게 친구가 하나 있거든. 그 친구도 함께 데려가도 되겠지?"

여우는 이야기 상대가 하나 더 늘게 된 것을 기쁘게 생각하며 말했다.

"물론이지. 그런데 그 친구는 어디에 있니?"

"그 친구는 지금 이 나무 구멍 속에서 잠을 자고 있어. 좀 깨워 주었으면 좋겠구나."

여우가 그렇게 하겠다고 하면서 나무 구멍 속으로 머리를 들이밀었다. 그러자 무서운 개가 여우의 코를 사정없이 물어뜯었다. 여우는 깜짝 놀라서 황급히 달아나며 생각했다. '왜 개들은 모두 저토록 사납지? 나처럼 친구가 되고 싶어하는 착한 여우들도 있는데, 닭이나 개들은 나쁜 여우만을 생각하는 것 같아. 어쩌면 잘된 일인지도 몰라. 내가 누군지 알지도 못하면서 무조건 싫어하고 물어뜯는 동물들하고는 대화나 토론이 불가능할 거야.'

1) 수탉을 본 여우가 기뻐한 까닭은 무엇인가요?

2) 여우는 왜 수탉에게 다가가는 것을 조심스러워했나요?

3) 여우를 보고 수탉이 놀란 이유는 무엇인가요?

4) 수탉이 또 다른 친구가 있다고 했을 때 여우의 기분은 어떠했나요?

5) 수탉과 개에 대한 여우의 생각은 무엇인가요?

6) 수탉과 개는 각각 어떤 성격의 동물인가요?

7) 여러분은 여우가 어떤 성격의 동물이라고 생각하나요?

2-2 〈수탉 이야기〉와 〈여우 이야기〉를 비교해서 생각해 봅시다.

1) 〈수탉 이야기〉에 등장하는 동물들은 각각 어떤 성격의 동물인가요?

① 수탉

② 개

③ 여우

2) 〈여우 이야기〉에 등장하는 동물들은 각각 어떤 성격의 동물인가요?

① 수탉

② 개

③ 여우

3) 이야기의 전체적인 줄거리는 비슷한데도 불구하고, 등장하는 동물들의 성격이 달라진 이유는 무엇일까요?

3-1 다음 글을 읽고 등장인물의 관점에 대해서 생각해 봅시다.

어떤 부인이 밤늦게 슈퍼마켓에서 물건을 고른 후에 값을 치르고 있었다. 그런데 저쪽에서 고등학교 1, 2학년쯤 되어 보이는 한 소년이 자기를 뚫어져라 쳐다보고 있는 것을 느꼈다. 부인은 자꾸만 그 소년이 신경이 쓰였다. 조금 무섭기도 해서 그 소년을 제대로 쳐다보지도 못하였다. 부인이 물건 봉지들을 집어 들고 서둘러 밖으로 나가려는데, 그 소년이 부인 곁으로 다가와서 물었다.

"아주머니, 제가 들어다 드릴까요?"

부인은 약간 당황하면서 말했다.

"고맙지만, 괜찮다."

부인은 가까이서 본 소년의 차림새도 마음에 들지 않았다. 밤이 늦었는데 어슬렁거리는 것도 이상했다.

부인이 물건 봉지들을 들고, 주차장을 가로질러 자기 차로 가고 있는데, 그 소년이 황급히 가게를 나오는 것이 보였다. 그 소년은 누군가를 찾고 있는 듯이 보였다. 부인은 자기를 찾고 있는 것이라고 생각하여 섬뜩한 느낌이 들었다. 아닌 게 아니라 그랬다. 소년은 부인을 발견하자마자 달려오기 시작했다. 부인도 막 달리면서 생각했다.

'도대체 저 아이가 나에게서 무엇을 바라는 것일까?'

부인은 자꾸만 무서운 생각이 들었다.

부인은 급히 차를 몰고 나갔다. 겨우 달아날 수가 있었다. 거리가 웬만큼 멀어지고 안전해지자, 부인은 서글픈 생각이 들었다.

'세상이 어떻게 되려고 이러지. 한창 공부해야 할 청소년들이 범죄의 소굴로 빠져들다니. 이제는 밤늦게 안심하고 슈퍼마켓에 가기도 어렵겠구나….'

1) 이 이야기에 제목을 붙여 봅시다.

2) 부인은 소년을 어떤 사람이라고 생각하나요?

3) 소년은 왜 부인을 도와주려고 했고, 나중에는 왜 부인을 따라왔을까요?

4) 이 이야기의 글쓴이는 누구의 관점에서 이야기를 하고 있나요?

5) 위의 글을 다른 등장인물(소년)의 관점에서 다시 써 봅시다.

5 외계인이 지구를 관찰한다면

▶▶▶ 오늘 생각할 내용

1. 동일한 대상을 바라보는 여러 사람의 생각은 모두 같을까?
2. 어떤 외계인이 우리가 살고 있는 세상을 보고 쓴 글이 있다면, 우리는 그것을 어떻게 해석할 수 있을까?

 첫 번째 생각여행 알고 있는 지식의 개별성

1-1 부모님이나 선생님에게 아래의 글을 읽어 달라고 하고, 눈을 감고 상상해 봅시다.

> 여러분이 상상해 볼 것은 '나무' 한 그루입니다.
> 그 나무는 지금 어디에 있나요? 어떤 모양인가요?
> 그 나무에 가까이 가서 본 껍질과 가지의 모습은 어떤가요?
> 나뭇잎의 모양과 색깔은 어떤가요? 꽃이나 열매가 달려 있나요?

1) 이제 눈을 뜨고, 각자 상상한 것을 발표해 봅시다.

2) 다른 사람이 상상한 것과 내가 상상한 것은 어떤 점에서 같고, 어떤 점에서 다른가요?

3) 똑같은 것을 놓고 사람마다 조금씩 다르게 말하고 있는 이유는 무엇인가요?

 **사전 경험의 중요성**

2-1 다음은 외계에서 온 '베코'가 지구에 있는 것들을 보고 쓴 글입니다. 베코가 무엇에 대해서 이야기하고 있는지 생각해 봅시다.

우주선 일지—제1일

지구는 매우 이상한 곳이다. 수백 개의 키가 큰 무엇인가가 보이는데, 두 개의 기둥 위에서 이리저리 움직이고 있다. 우리처럼 떠다니는 것 같지는 않고, 대신 그 기둥 밑의 편평한 부분이 땅에 꽉 붙어 있는 것으로 보인다. 움직이려면 그것들은 두 기둥 밑의 달라붙은 바닥을 한 지점에서 떼어 내 그것을 다른 지점에 고정시키면 된다. 이렇게 해서 계속 움직인다. 이 존재는 온갖 색을 지닌 몇 겹의 피부를 갖고 있는데, 날이 더워지면 그것을 벗어 놓고 있다.

우주선 일지—제2일

네 개의 두툼하고 검은 원 위에서 움직이는 많은 것들이 있다. 이것들은 두 개의 기둥을 가진 것들보다 훨씬 더 커 보인다. 이 커다란 것들은 그 앞에 어둠 속에서 빛나는 두 눈을 갖고 있고, 또 그 앞에 꽉 다물고 있는 커다란 입을 갖고 있다. 이것 역시 다양한 색깔의 피부를 갖고 있긴 했지만, 그 피부는 단단하고 빛이 나며 튼튼해 보인다.

우주선 일지—제3일

검은색 원을 가진 커다란 것들은 분명 이 지구 위의 지배 계급으로 보인다. 그것들은 움직여 다니기 위한 넓고 특별한 길을 갖고 있다. 이와 같은 길을 만드는 것은 두 개의 기둥을 가진 존재지만, 그 존재들은 분명 그 길을 이용하지 못하는 것으로 보인다. 때로 두 기둥의 존재들은 그 특별한 길 위로 넘나들긴 하지만, 커다란 것 중 하나가 다가오기라도 하면 급히 물러선다.

두 기둥의 존재가 기다란 고무호스를 통해 향긋한 냄새가 나는 음료수를 커다란 존재에게 먹이는 것을 자주 보게 된다. 어떤 경우에는 두 기둥의 존재가 커다란 그 존재를 목욕시키기도 하고 마사지까지 해 주는 것을 보기도 했다. 두 기둥의 존재는 검은색 원을 가진 존재의 노예인 듯 보인다.

우주선 일지—제4일

오늘은 아주 아주 큰 검은색 원을 가진 존재를 보았다. 그것은 큰 거인이었다. 가만히 지켜보니, 그것은 길에 멈춰서서 얼굴 쪽에 달린 입을 열었다. 그 입속으로 거의 서른 개쯤 되는 두 기둥의 존재가 움직여 들어갔다. 그러자 그 거인은 입을 다물더니 사납게 으르렁대며 멀리 움직여 갔다. 두 기둥의 존재를 산 채로 잡아먹다니! 그 불쌍한 작은 생명체들은 이 지구에서 정말 비참한 삶을 살아가고 있다.

1) 〈제1일〉

① 두 기둥 위에 서 있는 존재는 무엇일까요?

② 두 개의 기둥이란 무엇일까요?

③ 기둥 밑의 편평한 부분이란 무엇일까요?

④ 여러 색깔의 피부들이란 무엇일까요?

2) 〈제2일〉

① 움직이는 많은 것들은 무엇일까요?

② 빛나는 두 눈은 무엇일까요?

3) 〈제3일〉

① 베코가 말하는 특별한 길이란 무엇일까요?

② 베코는 왜 두 기둥의 존재들이 특별한 길을 사용하지 못하는 것으로 생각하나요?

③ 커다란 존재가 음료수를 마시고 있다고 할 때 실제 일어나는 일은 무엇일까요?

④ 두 기둥의 존재가 커다란 존재를 목욕시키기도 하고 마사지까지 해 준다고 말하는 것은 무엇을 보고 한 말인가요?

⑤ 베코는 왜 커다란 존재가 지구를 지배한다고 생각할까요?

4) 〈제4일〉

① 거인이란 무엇을 말할까요?

② 두 기둥의 존재가 거인의 입속으로 들어간다고 한 것은 무엇을 보고 한 말인가요?

③ 커다란 존재가 사납게 으르렁거리는 것은 실제로 어떤 소리일까요?

우주선 일지—제5일

지구 위에서는 언제나 어둠과 밝음이 아주 빨리 바뀌고 있다. 어두워졌을 때 두 기둥의 존재는 서로 다른 색깔의 커다란 상자 안으로 들어간다. 그 상자들은 대개 다시 날이 밝을 때까지 굳게 닫혀 있다. 커다란 존재들은 상자들 앞에 멈춰서서 경계를 서고 있다.

우주선 일지—제6일

한번은 날이 어두워졌을 때 네 개의 기둥에 털이 난 작은 존재를 보게 되었다. 그것은 뒤쪽에 매달려 공중에서 이리저리 흔들리는 제5의 기둥을 갖고 있었다. 그것은 내 쪽으로 머리를 대고는 이상하게 으르렁대는 소리를 냈다. 나는 승강 장치를 작동시켜 그것이 나에게 닿지 않도록 막았다. 그러자 갑자기 그것은 두 기둥을 공중으로 쳐들어 가능한 한 높이 뻗어 올리려 하였다. 그것의 머리에서는 크고 깜짝 놀랄 소리가 나왔다. 나는 이제 떠나는 게 좋겠다고 생각했다. 그것이 무엇인지는 모르지만 위험해 보인다.

우주선 일지—제7일

오늘 나는 아주 이상한 것을 보았다. 그 위쪽 반은 다른 많은 두 기둥의 존재와 똑같이 보였으나, 그 아래쪽 반은 전혀 없는 듯이 보였다. 그 존재는 매우 잔잔하고 편평한 푸른 땅에 붙어 있었다. 내가 그 존재 쪽으로 다가가려고 했을 때, 그 존재가 푸른 땅을 통해 움직여 갈 수 있다는 사실을 알게 되었다. 나는 푸른 땅 안에서 움직이기가 어려웠고 매우 차게 느껴졌다. 나는 다시 그 푸른 땅 가장자리로 되돌아가 거기에서 그 이상한 존재를 바라보기로 했다.

우주선 일지—제8일

나는 그 편평한 곳이 커다란 액체 웅덩이인 것을 알아냈고, 그 두 기둥의 존재도 그것으로 반쯤 덮여 있는 것을 알게 되었다. 그 존재는 많은 구멍을 가진 천 조각을 쥐고 있었다. 그리고는 천으로 액체 속의 무엇인가를 모으려고 하는 것이 확실했다. 천 조각을 모아 쥐었다가는 액체 쪽으로 확 펼쳐 던지고 있었다. 그러자 천이 천천히 가라앉고, 이상한 존재는 그것을 다시 거두어들였다. 그럴 때마다 액체는 천 위의 구멍들을 통해 빠져나갔다. 그러나 이상한 존재는 거듭거듭 그 일을 계속하고 있었다. 그는 천으로 액체를 끌어 올릴 수 없다는 것을 모르는 듯 보였다.

때로는 두 기둥의 존재보다 훨씬 작은 은빛이 나는 또 다른 존재도 그 천을 사용하고 싶어했으나, 그럴 때 두 기둥의 존재는 매우 화를 냈다. 그는 천을 재빨리 끌어내어 그 안으로 다가가서는 은빛 나는 작은 존재들을 낚아챘다. 그리고 나서는 그것들을 액체 가장자리로 가져와서는 그릇 속에 던져 넣었다. 그다음 그는 다시 액체 속으로 되돌아가서 그 불가능한 일을 계속하였다.

5) 〈제5일〉

　① 지구에서 어둠과 밝음이 서로 바뀐다고 한 것은 무엇을 두고 한 말일까요?

　② 커다란 상자란 실제로 무엇일까요?

　③ 커다란 존재가 상자 앞에서 경계를 선다고 한 것은 무엇을 보고 한 말일까요?

6) 〈제6일〉

　① 털이 난 존재란 무엇일까요?

　② 다섯 개의 기둥은 무엇일까요?

7) 〈제7일〉

　① 편평하고 푸른 땅은 무엇을 보고 한 말일까요?

　② 아래쪽 반은 전혀 없는 듯이 보이는 존재는 무엇일까요?

8) 〈제8일〉

　① 두 기둥의 존재가 하고 있는 일은 무엇일까요?

　② 구멍이 난 천은 무엇일까요?

　③ 은빛 나는 작은 존재들은 무엇일까요?

3-1 다음 글을 읽고 설명하고 있는 물체가 무엇인지 생각해 봅시다.

이것은 무엇일까요?

이 물건은 똑바로 선 두 개의 실린더를 갖고 있습니다. 큰 것의 높이는 8.7cm 정도이고, 지름은 2.5cm 정도입니다. 이 실린더의 꼭대기에는 피스톤이 꼭 맞게 끼워져 있습니다. 피스톤은 12.5cm 정도의 길이이고, 그 꼭대기에 1.2cm 정도의 원판 모양 손잡이가 달려 있습니다. 이 실린더의 바닥으로부터는 파이프 하나가 쭉 올라가 있는데, 길이는 3.7cm 정도, 지름은 1.2cm 정도입니다. 파이프의 바닥은 원판의 가운데에 있는 구멍에 꼭 맞게 들어가 있습니다. 원판은 이 물건 전체가 지탱을 하는 받침대를 이루고 있습니다.

똑바로 선 실린더 가운데 두 번째 것은 더 작습니다. 이 작은 실린더는 대략 6.2cm의 높이에 2.5cm의 지름입니다. 그것의 꼭대기는 둥근 모양으로 막혀 있고, 그 받침대와 수평으로 뾰족한 노즐이 뻗쳐 있습니다. 이 실린더는 수평으로 놓인 파이프 하나에 의해서 큰 실린더의 구멍과 연결되어 있습니다.

1) 이 물체는 무엇일까요?

2) 다음 그림은 앞에서 설명한 물체의 그림입니다.

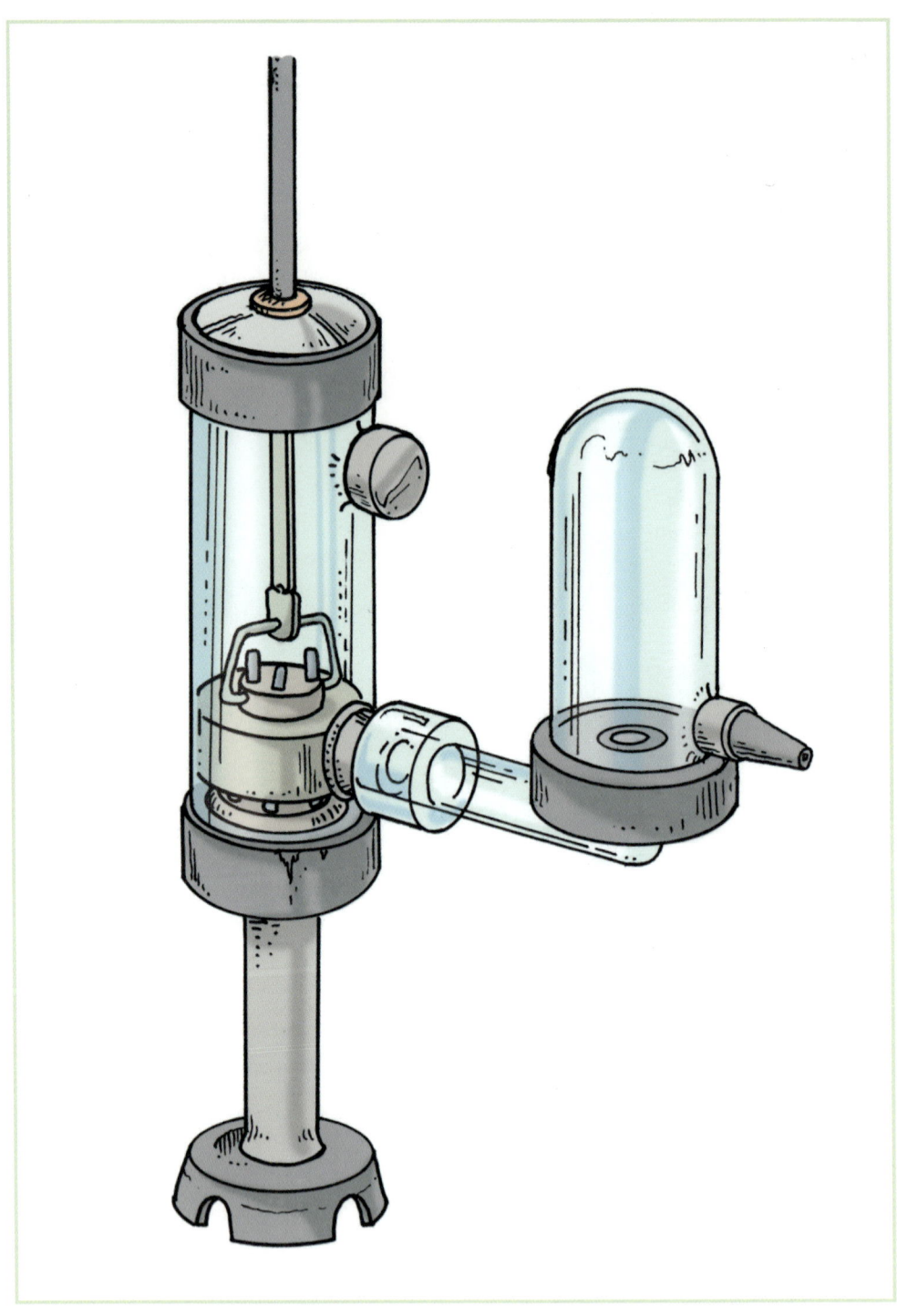

3-2 다음 글을 읽고 설명하고 있는 물체가 무엇인지 생각해 봅시다.

> **이것은 무엇일까요?**
>
> 이 물건은 길이가 대략 16.2cm 정도입니다. 이것의 중심 부분은 거의 사각형 모양으로, 가로와 세로가 대략 7.5cm 정도입니다. 이 부분은 아래쪽으로부터 올라온 굵은 줄기 하나와 연결되어 있습니다. 그 줄기에서 결합된 부분 주위에는 거친 검은 띠가 하나 매어져 있습니다. 중심 부분 위쪽 끝으로 뻗어 올라가면서는 땅딸막한 끝을 지닌 짤막하고 가느다란 네 개의 줄기가 있습니다. 이 줄기 가운데 하나에는 그 아래쪽 둘레에 두 개의 금속 고리가 끼워져 있습니다. 또한 중심 부분의 옆쪽으로도 약간 짧고 굵은 줄기 하나가 붙어 있습니다.

1) 이 물체는 무엇일까요?

2) 다음 그림은 앞에서 설명한 물체의 그림입니다.

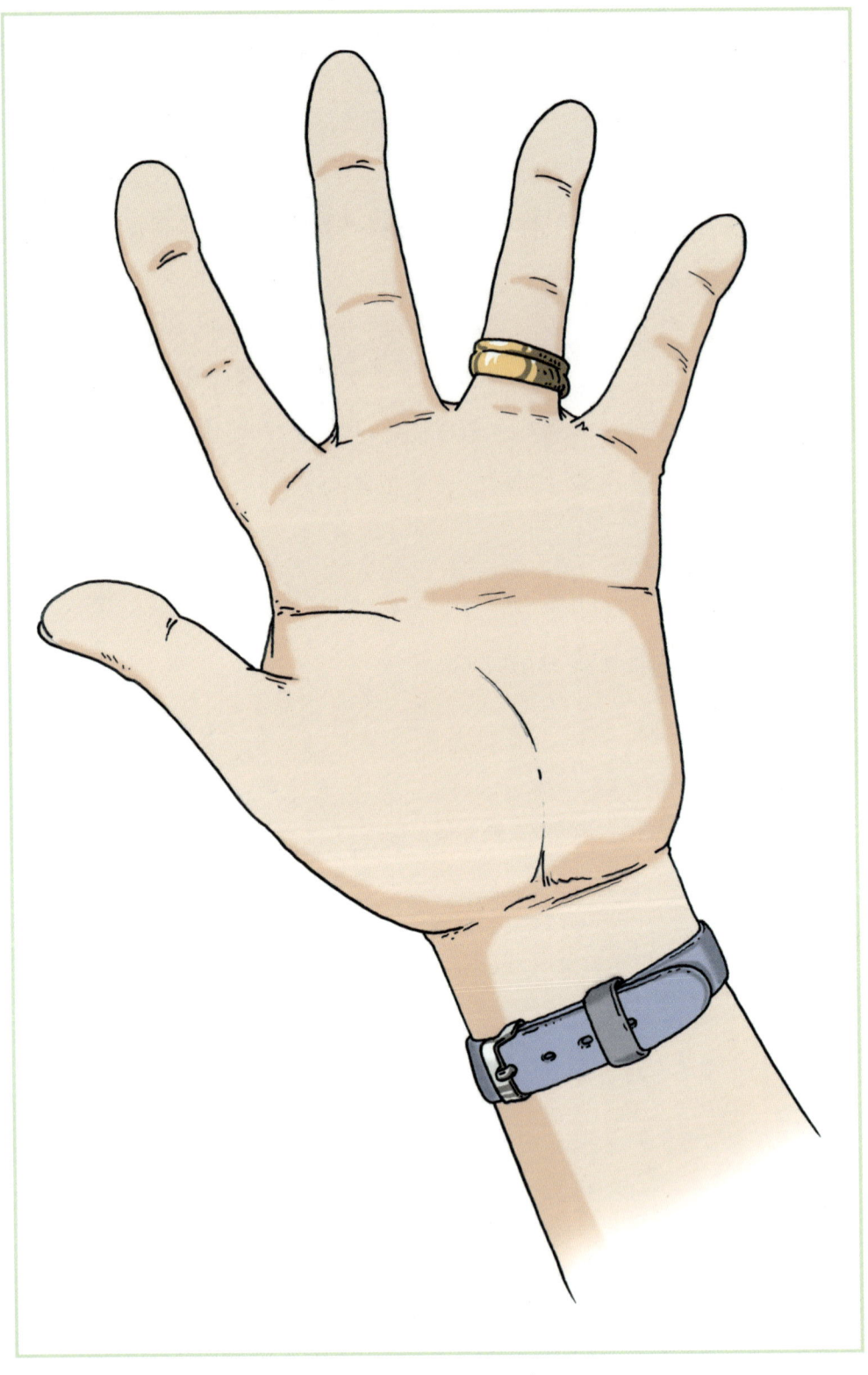

Ⅱ. 창의적 사고력 키우기

 발명품의 비밀

▶▶▶ 오늘 생각할 내용

우리 주변에 있는 물건들은 왜 그렇게 만들어졌을까?

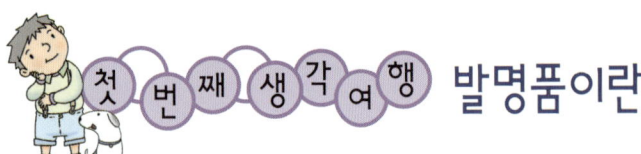 발명품이란

1-1 아래에 있는 것들 중에서 사람에 의해 만들어진 것, 즉 사람이 발명해 낸 것들을 찾아보세요.

> 젓가락, 소나무, 자전거, 쓰레기통, 모래알, 들국화
> 토끼, 달걀, 연필, 시냇물, 발가락, 운동화

1-2 지금 여러분이 갖고 있는 물건 중에서 발명품을 있는 대로 열거해 보세요.

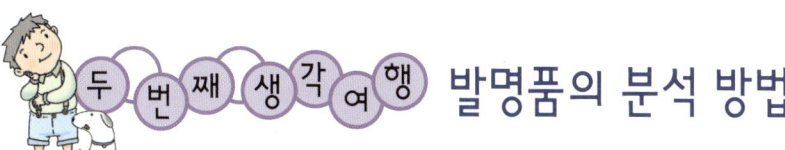 **발명품의 분석 방법**

2-1 다음 그림을 잘 살펴보고, 물음에 답해 봅시다.

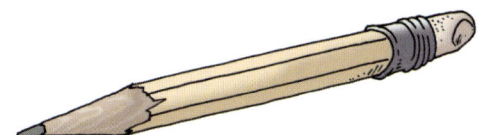

1) 이 물건은 무엇으로 이루어져 있나요?

2) 이 물건은 어떤 재료로 만들어졌나요?

3) 이 물건은 어떤 모양을 하고 있나요?

2-2 아래와 같은 '발명품 분석 기준'을 생각하면서 앞의 문제를 다시 해결해 봅시다.

> 〈단계 1〉 어떤 것으로 이루어져 있는가? (부품)
> 〈단계 2〉 어떤 재료로 만들어졌는가? (재료)
> 〈단계 3〉 어떤 모양을 하고 있는가? (모양)

1) 〈단계 1〉 어떤 것으로 이루어져 있는가?

부품	부품의 기능
연필심	
지우개	
금속 띠	
나무막대	

2) 〈단계 2〉 어떤 재료로 만들어졌는가?

재료	~보다 낫다	왜 더 나은가?
흑연(연필심)		
지우개(고무)		
고정띠(금속)		
나무막대(나무)		

3) 〈단계 3〉 어떤 모양을 하고 있는가?

모양	~보다 낫다	왜 더 나은가?
연필심 (뾰족하다)		
나무막대 (길쭉하다)		
나무막대 (둥글거나 육각형이다)		

3-1 앞에서 배운 방법대로 다음 발명품을 분석해 봅시다.

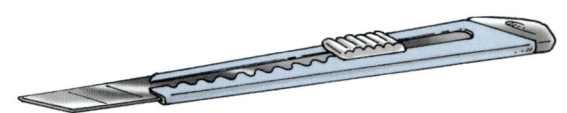

1) 〈단계 1〉 어떤 것으로 이루어져 있는가?

이 발명품의 부품을 모두 적고, 그 옆 칸에는 각각의 부품이 하는 기능을 적어 보세요.

부품	부품의 기능
칼집	
칼날	
칼날 조정기	

2) 〈단계 2〉 어떤 재료로 만들어졌는가?

각 부품의 재료를 적고, 다른 재료를 사용한 경우보다 왜 더 나은지 그 이유를 적어 보세요.

재료	~보다 낫다	왜 더 나은가?
칼집(플라스틱)		
칼날(강철)		
칼날 조정기 (플라스틱)		

3) 〈단계 3〉 어떤 모양을 하고 있는가?

각 부품의 모양을 적고, 다른 모양으로 만든 경우보다 왜 더 나은지 그 이유를 적어 보세요.

모양	~보다 낫다	왜 더 나은가?
칼집(길쭉하고 홈이 있는 모양)		
칼날(얇고, 끊어 쓸 수 있는 모양)		
칼날 조정기(칼날을 고정시키고, 날을 집어넣어 끊어 쓸 수 있는 모양)		

3-2 여러분이 쉽게 볼 수 있는 발명품을 한 가지 정해서, 앞에서 배운 발명품 분석 방법에 따라서 분석해 보세요. (예:필통, 가방, 풀, 가위, 의자, 우산, 주전자)

1) 〈단계 1〉 어떤 것으로 이루어져 있는가?

   이 발명품의 부품을 모두 적고, 그 옆 칸에는 각각의 부품이 하는 기능을 적어 보세요.

부품	부품의 기능

2) 〈단계 2〉 어떤 재료로 만들어졌는가?

   각 부품의 재료를 적고, 다른 재료를 사용한 경우보다 왜 더 나은지 그 이유를 적어 보세요.

재료	~보다 낫다	왜 더 나은가?

3) 〈단계 3〉 어떤 모양을 하고 있는가?

   각 부품의 모양을 적고, 다른 모양으로 만든 경우보다 왜 더 나은지 그 이유를 적어 보세요.

모양	~보다 낫다	왜 더 나은가?

 발명품 비교하기

▶▶▶ 오늘 생각할 내용

한 발명품을 비슷한 다른 발명품과 비교하려면 어떻게 해야 할까?

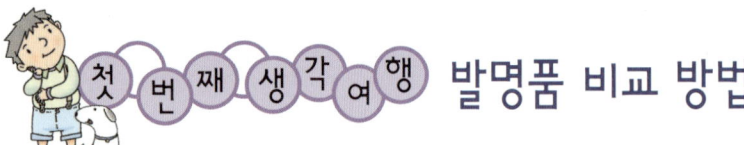 발명품 비교 방법

1-1 '연필'이라는 발명품에 대해서 함께 생각해 봅시다.

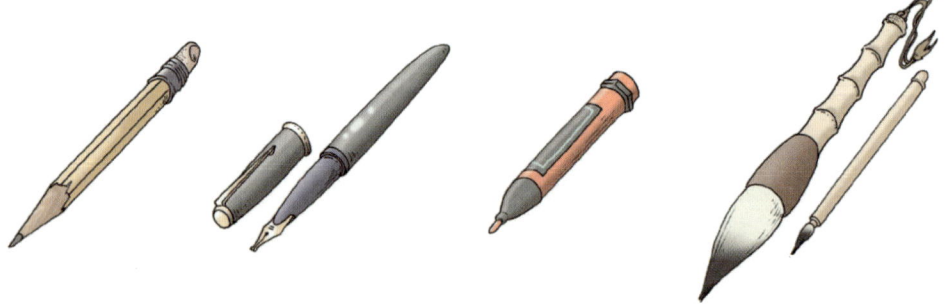

1) 옛날 사람들이 사용하던 발명품 중에서 '연필'과 비슷한 기능을 가진 것에는 어떤 것들이 있나요? 그것들이 연필보다 불편한 점은 무엇인가요?

2) 연필과 비슷한 기능을 가진 것 중에서 요즈음에 사용되고 있는 것에는 어떤 것들이 있나요? 그런 것들이 연필과 다른 점은 무엇인가요?

3) 연필에도 여러 종류가 있습니다. 그 '연필의 집합'에 속하는 것들의 공통점을 모두 말해 보세요.

   ·

   ·

   ·

발명품 비교하기 3단계

1. 발명품을 그것의 조상들과 비교한다.
2. 발명품을 그것과 비슷한 기능을 가진 다른 것들 중에서 현재에 사용되고 있는 것과 비교한다.
3. 그 발명품의 집합이 가진 공통된 특징을 찾아낸다.

2-1 우리가 사용하는 '손전등'을 〈발명품 비교하기 3단계〉에 따라서 분석해 봅시다.

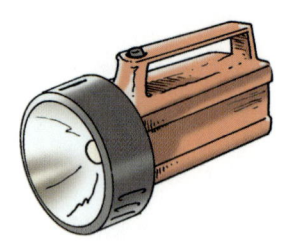

1) 〈발명품 비교하기—1단계〉

'손전등'과 비슷한 기능을 가진 발명품 중에서, 손전등이 만들어지기 전에 사용되었던 것을 찾아봅시다. 그리고 그것들이 지금의 손전등과 비교해 보았을 때, 단점(불편한 점이나 나쁜 점)이 무엇인지 생각해 봅시다.

손전등의 조상	불편한 점 · 나쁜 점

2) 〈발명품 비교하기—2단계〉

'손전등'과 비슷한 기능을 가진 발명품 중에서, 지금 사용되고 있는 발명품을 적어 보세요. 그리고 그것들과 손전등을 비교해 보았을 때, 차이점을 적고, 그 차이점이 장점이 되는 경우를 생각해 봅시다.

손전등과 기능이 비슷한 발명품	차이점	차이점이 장점이 되는 경우

3) 〈발명품 비교하기—3단계〉

여러 가지 손전등 종류들이 모두 공통적으로 갖고 있는 특징을 적고, 그런 특징이 왜 좋은지 생각해 봅시다.

손전등 집합의 공통된 특징 (부품, 재료, 모양)	기능 및 장점

8 발명품 변형하기

▶▶▶ 오늘 생각할 내용

한 발명품을 다르게 변형하면 어떤 모습이 될까?

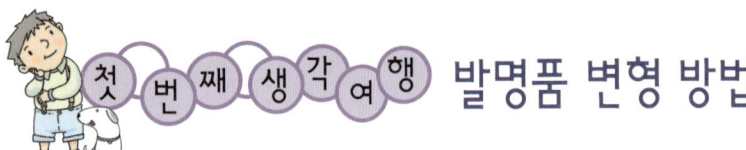 발명품 변형 방법

1-1 '망치'라는 발명품에 대해서 함께 생각해 봅시다.

1) 망치의 모양을 다르게 변형하면 어떤 일이 벌어질까요?

① 손잡이가 길어지면 어떤 장점과 단점이 생길까요?

② 망치 머리가 커지면 어떤 장점과 단점이 생길까요?

③ 망치 머리가 작아지면 어떤 장점과 단점이 생길까요?

2) 망치의 재료를 쇠가 아닌 다른 것으로 만들었을 때 어떤 일이 벌어질까요?

① 망치 머리가 고무로 되어 있을 때

② 망치 머리가 나무로 되어 있을 때

③ 망치 손잡이를 나무가 아닌 플라스틱으로 만들었을 때

④ 망치 손잡이를 쇠로 만들었을 때

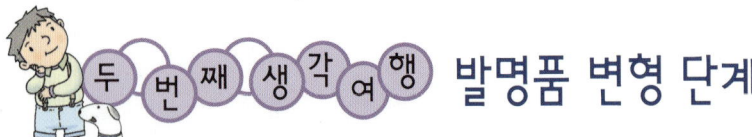
두 번째 생각여행 발명품 변형 단계

발명품 변형하기 4단계

1. '이 발명품은 왜 이렇게 만들어졌을까?'라는 질문을 깊이 생각해 본다.
2. 그 발명품의 부품, 재료, 모양에 있어서의 변화를 생각해 본다.
3. 그러한 변화로 인해서 생기게 될 나쁜 점은 무엇인지 생각해 본다.
4. 그러한 변화가 오히려 장점이 되는 경우를 생각해 본다.

2-1 위의 4단계에 따라서 변형시킬 발명품을 한 가지 정하여 변형하고 오른쪽 표를 채워 봅시다.

1) 〈발명품 변형하기-1단계〉
    이 발명품은 왜 이렇게 만들어졌는지 깊이 생각해 봅시다.

2) 〈발명품 변형하기-2단계〉
    이 발명품의 부품, 재료, 모양의 변화를 생각해 봅시다.

3) 〈발명품 변형하기-3단계〉
    그러한 변화의 나쁜 점은 무엇인지 생각해 봅시다.

4) 〈발명품 변형하기-4단계〉
    그러한 변화가 장점이 되는 경우는 어느 경우인가요?

변화 (부품, 재료, 모양)	이 변화는 왜 단점이 되는가?	이 변화는 언제 장점이 되는가?

3-1 지금까지 배운 발명품의 분석, 비교, 변형의 방법들에 따라서, 한 가지 발명품을 종합적으로 분석해 봅시다.

1) 〈운동화 분석하기―1단계〉

운동화의 부품을 모두 적고, 그것들의 기능을 옆에 적어 넣으세요.

부품	부품의 기능

2) 〈운동화 분석하기—2단계〉

어떤 재료를 사용했나요?

재료	~보다 낫다	왜 더 나은가?

3) 〈운동화 분석하기—3단계〉

어떤 모양을 하고 있나요?

모양	~보다 낫다	왜 더 나은가?

4) 〈운동화 비교하기—1단계〉

운동화의 조상과 비교해 봅시다.

발명품 조상	발명품 조상의 단점

5) 〈운동화 비교하기—2단계〉

운동화와 비슷한 기능을 가진 것 중에서 현재 사용되고 있는 것과 비교해 봅시다.

기능이 비슷한 발명품	차이점	차이점이 장점이 되는 경우

6) 〈운동화 비교하기—3단계〉

운동화 집합의 공통된 특성을 찾아보세요.

공통된 특징 (부품, 재료, 모양)	장점

3-2 다음 단계에 따라 생각해 보고 아래의 표를 채워 봅시다.

1) 〈운동화 변형하기—1단계〉
   이 발명품은 왜 이렇게 만들어졌나요?

2) 〈운동화 변형하기—2단계〉
   운동화의 부품, 재료, 모양을 변형하면 어떤 모습이 될까요?

3) 〈운동화 변형하기—3단계〉
   그러한 변화로 인한 단점은 무엇인가요?

4) 〈운동화 변형하기—4단계〉
   그러한 변화가 장점이 되는 경우는 언제인가요?

발명품의 변화	이 변화는 왜 단점이 되는가?	이 변화는 언제 장점이 되는가?

9 발명품에 숨어 있는 원리

▶▶▶ 오늘 생각할 내용

발명품 속에는 어떤 원리들이 숨어 있을까?

물체 고정 기구의 발명 원리

1-1 어떤 물체를 움직이지 않게 고정시켜 주는 것에는 어떤 것들이 있는지 모두 적어 보세요.

．
．
．
．
．

．
．
．
．
．

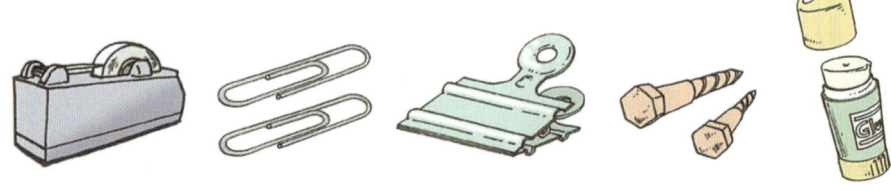

1-2 위에서 말한 물체 고정 기구들은 어떻게 물체를 고정시킬 수 있나요? 물체를 고정시키는 방법들을 모두 찾아보세요.

①

②

③

1-3 앞에서 찾아낸 물체 고정 방법에 따라서 물체 고정 기구들을 분류해 봅시다. 각각의 발명 원리에 해당하는 곳에 고정 기구의 이름을 적어 보세요.

① 접착한다	② 꿰뚫는다	③ 꽉 집거나 누른다

2-1 여러 가지 물체 고정 기구들 중에서 '빨래집게'에 대하여 발명품의 분석, 비교, 변형의 방법에 따라서 종합적으로 분석해 봅시다.

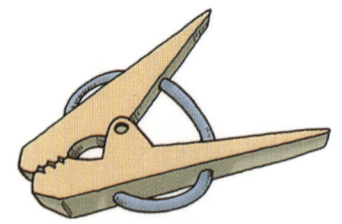

1) 〈빨래집게 분석하기—1단계〉

   빨래집게의 부품을 모두 적고, 그것들의 기능을 적어 넣으세요.

부품	부품의 기능

2) 〈빨래집게 분석하기—2단계〉

   어떤 재료를 사용했나요?

재료	~보다 낫다	왜 더 나은가?

3) 〈빨래집게 분석하기—3단계〉

   어떤 모양을 하고 있나요?

모양	~보다 낫다	왜 더 나은가?

4) 〈빨래집게 비교하기—1단계〉

   분석하려는 발명품을 그 발명품의 조상들과 비교해 봅시다.

발명품 조상	조상의 단점

5) 〈빨래집게 비교하기—2단계〉

　빨래집게와 비슷한 기능을 가진 것 중에서 현재 사용되고 있는 것과 비교해 봅시다.

비슷한 기능을 가진 발명품	차이점	차이점이 장점이 되는 경우

6) 〈빨래집게 비교하기—3단계〉

　빨래집게 집합의 공통된 특성을 찾아보세요.

공통된 특징 (부품, 재료, 모양)	장점

2-2 다음 단계에 따라 생각해 보고 아래의 표를 채워 봅시다.

1) 〈빨래집게 변형하기—1단계〉
   빨래집게는 왜 그런 모양으로 발명되었을까요?

2) 〈빨래집게 변형하기—2단계〉
   빨래집게의 부품, 재료, 모양을 변형시키면 어떤 모습이 될까요?

3) 〈빨래집게 변형하기—3단계〉
   그러한 변화로 인한 단점은 무엇인가요?

4) 〈빨래집게 변형하기—4단계〉
   그러한 변화가 장점이 되는 경우는 언제인가요?

변화	이 변화는 왜 단점이 되는가?	이 변화는 언제 장점이 되는가?

9. 발명품에 숨어 있는 원리

10 발명품 평가하기

▶▶▶ 오늘 생각할 내용

1. 발명품을 평가하는 기준에는 어떤 것들이 있을 수 있는가?
2. 발명품을 평가하는 일은 왜 중요한가?

첫 번째 생각여행 발명품 평가 기준

1-1 새로 세워진 어떤 초등학교에서 어린이용 책상을 구입하려고 합니다. 그 학교의 교장 선생님께서 다음과 같은 질문을 여러분에게 하셨다고 가정하고 생각해 봅시다.

> "여러분이 사용할 책상을 사려고 합니다. 여러분이 사용할 책상이니까, 아마도 여러분이 가장 잘 알 수 있을 거라 생각합니다. 여러분이 사용하기에 가장 좋은 책상의 조건은 무엇인가요?"

1) 가장 좋은 책상의 조건을 있는 대로 말해 봅시다.

2) 앞에서 제시된 조건들을 다음의 '6가지 평가 기준'에 따라서 분류해 봅시다.

① 오래 사용할 수 있는가?

② 모양과 색깔이 아름다운가?

③ 사용이 편리한가?

④ 안전한가?

⑤ 비용이 적당한가?

⑥ 좋은 결과를 낼 수 있는가?

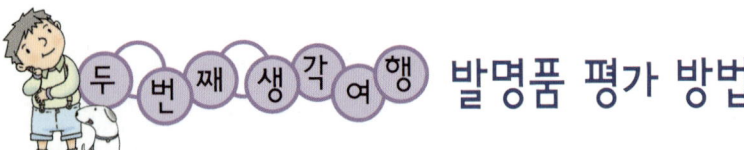
발명품 평가 방법

2-1 앞에서 배운 '발명품 평가 방법'에 따라서 연필지우개를 평가해 봅시다.

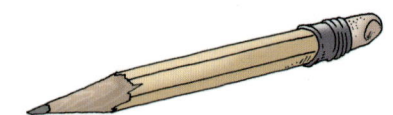

1) 〈단계 1〉 발명품의 장점과 단점을 찾는다.

비교하는 대상에 비추어 보았을 때 두드러지는 장점과 단점이 있다면 적어 보세요. (+:장점, −:단점)

평가 기준	무엇과 비교했을 때인가?
1. 오래 사용할 수 있는가? + −	
2. 모양과 색깔이 아름다운가? + −	
3. 사용이 편리한가? + −	
4. 안전한가? + −	
5. 비용이 적당한가? + −	
6. 좋은 결과를 낼 수 있는가? + −	

2) 〈단계 2〉 6가지 기준들 중에서 가장 중요한 평가 기준을 찾는다.

위의 6가지 기준들 중에서 연필지우개와 관련하여 가장 중요한 평가 기준은 무엇일지 두 가지만 선정해 봅시다. 또 그것을 선정한 이유는 무엇인가요?

① 중요한 기준

그 이유

② 중요한 기준

그 이유

3-1 앞에서 배운 '발명품 평가 방법'에 따라서 '호주머니'를 평가해 봅시다.

1) 〈단계 1〉 '호주머니'의 장점과 단점을 찾는다.

   비교하는 대상에 비추어 보았을 때 두드러지는 장점과 단점이 있다면 적어 보세요. (+:장점, −:단점)

평가 기준	무엇과 비교했을 때인가?
1. 오래 사용할 수 있는가? + −	
2. 모양과 색깔이 아름다운가? + −	
3. 사용이 편리한가? + −	
4. 안전한가? + −	
5. 비용이 적당한가? + −	
6. 좋은 결과를 낼 수 있는가? + −	

2) 〈단계 2〉 호주머니를 평가한 6가지 기준 중에서 가장 중요한 기준을 찾는다.

위의 6가지 기준들 중에서 호주머니와 관련하여 가장 중요한 평가 기준은 무엇인가요? 그것들을 선정한 이유는 무엇인가요?

① 중요한 기준

그 이유

② 중요한 기준

그 이유

 발명품 개선하기

▶▶▶오늘 생각할 내용

1. 발명품을 개선하려면 어떻게 해야 하는가?
2. 개선된 발명품을 또다시 개선할 수 없는가?

 발명품 개선 방법

1-1 우리 옷에 달려 있는 '단추'라는 발명품을 개선하려고 합니다.

1) 단추 때문에 생겼던 문제점, 또는 단추 때문에 오히려 불편했던 점을 생각해 보고 말해 봅시다.

①
②
③
④
⑤

2) 앞에서 제시된 문제점 가운데에서 해결이 가능할 것 같은 문제점을 한 가지만 선택하고 생각해 봅시다.

① 문제점

② 이 문제를 해결하는 방법
  ·
  ·

발명품 개선하기

① 문제 확인하기
〈단계 1〉 개선하고 싶은 발명품은 무엇인가?
〈단계 2〉 어떤 문제점들이 있는가?
    6가지 평가 기준에 따라서 주어진 발명품의 단점을 따져 본다.
〈단계 3〉 문제점들 중에서 무엇을 선택할 것인가?
    한 가지 문제점 또는 단점을 선택한다.

② 문제 해결하기
〈단계 1〉 문제를 해결할 수 있는 아이디어 찾아내기
〈단계 2〉 아이디어 선택하기
〈단계 3〉 아이디어를 다듬고 덧붙이기

③ 개선된 발명품을 그림과 설명으로 나타내기

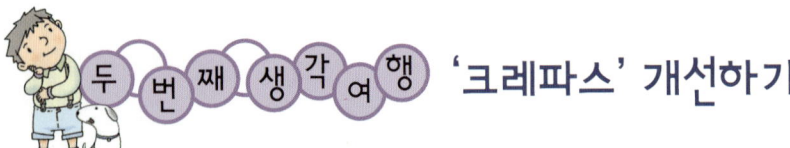

2-1 [문제 확인하기]

1) 〈단계 1〉 개선하고 싶은 발명품은 무엇인가? (크레파스)
2) 〈단계 2〉 어떤 문제점들이 있는가?

다음 6가지 평가 기준에 비추어 보았을 때, 크레파스는 어떤 문제점이 있는지 생각해 봅시다.

평가 기준	무엇과 비교했을 때인가?
1. 오래 사용할 수 있는가? + −	
2. 모양과 색깔이 아름다운가? + −	
3. 사용이 편리한가? + −	
4. 안전한가? + −	
5. 비용이 적당한가? + −	
6. 좋은 결과를 낼 수 있는가? + −	

3) 〈단계 3〉 크레파스가 갖는 여러 문제들 중에서 무엇을 선택할 것인가?

   한 가지 문제점 또는 단점을 선택한다.

2-2   [문제 해결하기]

1) 〈단계 1〉 문제를 해결할 수 있는 아이디어 찾아내기

   앞에서 선택한 문제를 해결할 수 있는 방법을 있는 대로 적어 보세요.

   ①
   ②
   ③

2) 〈단계 2〉 아이디어 선택하기

   여러 가지 아이디어 중에서 가장 좋다고 생각되는 것을 하나 선택해 보세요.

3) 〈단계 3〉 아이디어를 다듬고 덧붙이기

   아이디어대로 발명품이 작동될 수 있는지 생각해 보세요.

   ① 부품

   ② 재료

   ③ 모양

2-3 [개선된 발명품을 그림과 설명으로 나타내기]

개선된 발명품의 모양을 그림으로 그리고, 필요하다면 부품과 재료를 표시하세요. 그리고 아래에 발명품이 어떻게 작동되는지 설명해 보세요.

1) 그림

2) 설명

※우리 주위에서 쉽게 볼 수 있는 발명품들 중에서 개선해야 할 점이 있다고 생각되는 것을 한 가지 선택해서 개선해 봅시다. (예:톱, 필통, 손거울, 주전자, 우산, 의자, 옷장, 휴지통)

3-1 [문제 확인하기]

1) 〈단계 1〉 개선하고 싶은 발명품은 무엇인가?

2) 〈단계 2〉 어떤 문제점들이 있는가?

다음 6가지 평가 기준에 비추어 보았을 때, 선택한 발명품에는 어떤 문제점이 있는지 생각해 봅시다.

평가 기준	무엇과 비교했을 때인가?
1. 오래 사용할 수 있는가? + −	
2. 모양과 색깔이 아름다운가? + −	
3. 사용이 편리한가? + −	
4. 안전한가? + −	
5. 비용이 적당한가? + −	
6. 좋은 결과를 낼 수 있는가? + −	

3) 〈단계 3〉 선택한 발명품이 갖는 여러 문제점들 중에서 무엇을 선택할 것인가?

한 가지 문제점 또는 단점을 선택해 봅시다.

3-2 [문제 해결하기]

1) 〈단계 1〉 문제를 해결할 수 있는 아이디어 찾아내기

   앞에서 선택한 문제를 해결할 수 있는 방법을 있는 대로 적어 보세요.

   ①

   ②

   ③

2) 〈단계 2〉 아이디어 선택하기

   여러 가지 아이디어 중에서 가장 좋다고 생각되는 것을 하나 선택해 보세요.

3) 〈단계 3〉 아이디어를 다듬고 덧붙이기

   아이디어대로 발명품이 작동될 수 있는지 생각해 봅시다.

   ①

   ②

   ③

3-3 [개선된 발명품을 그림과 설명으로 나타내기]

개선된 발명품의 모양을 그림으로 그리고, 필요하다면 부품과 재료를 표시하세요. 그리고 아래에 발명품이 어떻게 작동되는지 설명해 보세요.

1) 그림

2) 설명

12 발명품 만들기

▶▶▶ 오늘 생각할 내용

새로운 발명품을 어떻게 직접 만들 수 있을까?

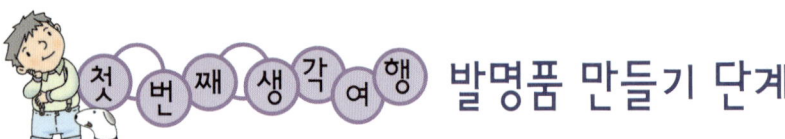
첫 번째 생각여행 발명품 만들기 단계

1-1 다음과 같은 문제가 생겼다고 가정해 보고, 해결 방법을 생각해 봅시다.

> 영민이는 집 안이 너무 비좁기 때문에 신발을 놓을 자리가 마땅치 않습니다. 그래서 신발을 여러 켤레 한꺼번에 넣어서 걸어 둘 수 있는 물건을 만들고자 합니다. 어떻게 만들면 좋을까요?

1) '신발걸이'(또는 '신발 보관함')를 만드는 데 고려해야 할 가장 중요한 기준은 무엇인가요? (앞에서 배운 평가 기준으로 생각해 봅시다.)
   ①
   ②
   ③

2) 여러 켤레의 신발을 걸어 둘 수 있는 물건을 만드는 것과 관련된 여러 가지 아이디어를 찾아봅시다.

①

②

③

3) 이 아이디어들 가운데에서 한 가지를 선택해서 다듬고, 보완하여 말해 봅시다.

발명품 만들기

① **문제 확인하기**
〈단계 1〉 어떤 발명품을 만들 것인가?
　　　　주어진 문제를 해결할 수 있는 발명품이 무엇인지 정한다.
〈단계 2〉 평가 기준은 무엇인가?
　　　　만들고자 하는 발명품에 적용될 가장 중요한 기준이 무엇인지 생각해 본다.

② **문제 해결하기**
〈단계 1〉 아이디어 찾아내기
　　　　만들고자 하는 발명품과 관련된 아이디어들을 모아 본다.
〈단계 2〉 아이디어 선택하기
　　　　모아진 아이디어들 가운데에서 가장 좋은 아이디어를 선택한다.
〈단계 3〉 아이디어를 다듬고 덧붙이기
　　　　선택한 아이디어의 세부 사항(크기, 재료, 모양, 사용 방법 등)을 다듬는다.

③ **발명품을 그림과 설명으로 나타내기**
　　　　잘 다듬어 구체화시킨 아이디어를 그림으로 나타내고 설명한다.

두번째생각여행 실제로 발명품 만들어 보기

※ 다음과 같은 문제를 해결할 수 있는 발명품을 단계에 따라서 만들어 봅시다.

2-1 [문제 확인하기]

> 민주는 길을 가다가 동전 하나를 떨어뜨렸습니다. 그런데 이 동전이 데굴데굴 굴러서 하수구에 빠지고 말았습니다. 하수구 뚜껑은 열 수가 없고, 작은 틈 사이로 그 동전을 꺼내야만 합니다. 어떻게 꺼낼 수 있을까요?

1) 〈단계 1〉 어떤 발명품을 만들 것인가?

위의 문제를 해결할 수 있는 발명품은 무엇인가요?

2) 〈단계 2〉 평가 기준은 무엇인가?

만들고자 하는 발명품에 적용될 가장 중요한 기준은 무엇인가요?

①

②

③

2-2 [문제 해결하기]

1) 〈단계 1〉 문제를 해결할 수 있는 아이디어 찾아내기

   앞에서 선택한 문제를 해결할 수 있는 방법을 3가지 이상 적어 보세요.

   ①
   ②
   ③
   ④

2) 〈단계 2〉 아이디어 선택하기

   여러 가지 아이디어 중에서 가장 좋다고 생각되는 것을 하나 선택해 보세요.

3) 〈단계 3〉 아이디어를 다듬고 덧붙이기

   아이디어대로 발명품이 작동될 수 있는지 생각해 보세요.

   ① 부품

   ② 재료

   ③ 모양

   ④ 사용 방법

2-3 [발명품을 그림과 설명으로 나타내기]

발명품의 모양을 그림으로 그리고, 필요하다면 부품과 재료를 표시해 보세요. 그리고 아래에 발명품이 어떻게 작동되는지 설명해 보세요.

1) 그림

2) 설명

※다음과 같은 문제를 해결할 수 있는 발명품을 단계에 따라서 만들어 봅시다.

3-1 [문제 확인하기]

> 아주 가볍고, 손쉽게 가지고 다닐 수 있는 의자를 발명하려고 합니다. 이 의자는 가벼워야 하고, 경기장이나 야외에 놀러갈 때 편리하게 사용할 수 있어야 합니다.
>
> 단, 이미 발명된 것으로 가게에서 살 수 있는 것은 안 됩니다.

1) 어떤 발명품을 만들 것인가?

   위의 문제를 해결할 수 있는 발명품은 무엇인가요?

2) 평가 기준은 무엇인가?

   만들고자 하는 발명품에 적용될 가장 중요한 기준은 무엇인가요?

3-2 [문제 해결하기]

1) 〈단계 1〉 문제를 해결할 수 있는 아이디어 찾아내기

   앞에서 선택한 문제를 해결할 수 있는 방법을 3가지 이상 적어 보세요.

   ①
   ②
   ③

2) 〈단계 2〉 아이디어 선택하기

   여러 가지 아이디어 중에서 가장 좋다고 생각되는 것을 하나 선택해 보세요.

3) 〈단계 3〉 아이디어를 다듬고 덧붙이기

   아이디어대로 발명품이 작동될 수 있는지 생각해 보세요.

   ① 부품

   ② 재료

   ③ 모양

   ④ 사용 방법

3-3　[발명품을 그림과 설명으로 나타내기]

발명품의 모양을 그림으로 그리고, 필요하다면 부품과 재료를 표시하세요. 아래에 발명품이 어떻게 작동되는지 설명해 보세요.

1) 그림

2) 설명

5단계 평가문제

5단계 평가문제

1 다음 우화를 읽고 암시적으로 말하고 있는 교훈이 무엇인지 찾아봅시다.

> 강기슭에 커다란 참나무가 한 그루 서 있었다. 이 참나무는 뿌리가 깊고, 몸은 하늘을 찌를 듯이 높이 솟아 늘 으쓱거렸다.
>
> "나는 참 튼튼하단 말이야. 세상에서 나를 이길 놈은 없을 거야. 나는 항상 다른 녀석들을 내려다보고 있거든."
>
> 그러던 어느 날이었다. 그날은 굉장한 폭풍이 몰아쳤다. 그 바람에 커다란 나무들이 뿌리째 뽑혀서 쓰러졌다. 그 참나무도 꼿꼿이 서서 폭풍과 싸우다가 마침내 우지끈 하고 허리가 부러지고 말았다. 부러진 참나무는 거센 강물에 휩쓸려 떠내려갔다.
>
> 얼마를 내려가다 보니 강기슭에 갈대들이 멀쩡하게 서 있는 것이 보였다. 갈대들은 물살에 밀려서 떠내려가는 참나무를 가엾다는 듯이 바라보고 있었다. 참나무는 연약한 갈대들을 바라보며 말했다.
>
> "아아, 갈대들아. 너희는 그렇게 연약한데 어떻게 아무런 상처도 입지 않고 살아남을 수 있었니?"
>
> 갈대들은 가엾은 참나무를 바라보며 말했다.
>
> "불쌍한 참나무야. 폭풍이 나를 해치지 않은 것은 내가 늘 고개를 숙였기 때문이야. 너는 거센 폭풍이 왔는데도 고개를 쳐들고 버티려고만 했잖아. 바람은 언제나 우쭐대며 뽐내지 않는 자는 아무도 해치지 않는단다."

1) 아래에 등장인물의 행동과 그 결과를 정리해 보세요.

등장인물	행동	결과
참나무		
갈대		

2) 이 이야기가 사람들에게 말하고자 하는 교훈은 무엇인가요?

2 다음 글을 읽고 생각해 봅시다.

> 옛날에 장석이라는 유명한 목수가 살고 있었다. 하루는 장석이 사당 앞을 지나가게 되었다. 그 마당 앞에는 커다란 나무 한 그루가 있었다. 나무의 크기는 수천 마리의 소를 가릴 정도이고, 굵기는 백 아름이나 되었다. 그리고 그 높이는 산을 내려다볼 정도이고, 큰 가지가 수십 개나 뻗어 있었다. 그래서 그 나무 둘레에는 항상 구경꾼들이 구름처럼 몰려들었다. 그런데도 장석은 그 나무를 거들떠보지도 않고 지나가 버렸다.
>
> 장석의 제자가 이상하게 생각하여 장석에게 물었다.
>
> "스승님, 이처럼 훌륭한 나무는 일찍감치 본 적이 없는데, 왜 그냥 지나가시나요?"
>
> "그 나무는 아무짝에도 쓸모가 없느니라. 그 나무로 배를 만들면, 금방 가라앉고, 널을 짜면 곧 썩어 버릴 것이다. 물건을 만들면 금방 망가지고, 문을 만들면 진물이 흐르고, 기둥을 만들면 좀이 생기느니라."
>
> 그런데 그날 밤, 장석의 꿈에 낮에 본 나무가 나타나서 장석에게 이렇게 말하였다.
>
> "배나 귤, 감 같은 열매가 달리는 나무는 그 열매가 열리면 사람들에게 잡아뜯기고, 가지가 부러진다. 이는 그 나무가 쓸모가 있기 때문에 괴롭힘을 당하는 것이며, 결국 천명을 다 누리지 못하고 도중에 죽게 되는 것이지. _____
> _____"

1) 이 이야기에 나오는 목수 '장석'의 관점에서 보면, '큰 나무'는 어떤 나무인가요?

2) '큰 나무'의 관점에서 보면, 사람들에게 쓸모없다는 것이 나무 자신에게 어떤 이로움이 있나요?

3) 이러한 점이 드러나게 위 이야기의 마지막 부분을 완성해 보세요.

3 아래에 있는 것들 중에서 사람에 의해 만들어진 것, 즉 사람이 발명해 낸 것들을 찾아보세요.

> 감자, 사과나무, 텔레비전, 휴지, 빗물, 자전거, 고양이, 지우개, 바람, 선풍기

4 발명품 '우산'을 종합적으로 분석해 봅시다.

1) 〈발명품 분석하기-1단계〉 어떤 것으로 이루어져 있는가?

이 발명품의 부품을 모두 적고, 각각의 부품이 하는 기능을 적어 넣으세요.

부품	부품의 기능

2) 〈발명품 분석하기-2단계〉 어떤 재료로 만들어졌는가?

각 부품의 재료를 적고, 다른 재료를 사용한 경우보다 왜 더 나은지 그 이유를 적어 보세요.

재료	~보다 낫다	왜 더 나은가?

3) 〈발명품 분석하기—3단계〉 어떤 모양을 하고 있는가?

각 부품의 모양을 적고, 다른 모양으로 만든 경우보다 왜 더 나은지 그 이유를 적어 보세요.

모양	~보다 낫다	왜 더 나은가?

4) 〈발명품 비교하기—1단계〉

'우산'과 비슷한 기능을 가진 것들 중에서, 우산이 만들어지기 전에 사용되었던 것을 찾아봅시다. 그리고 그것들이 지금의 우산과 비교해 보았을 때, 단점(불편한 점이나 나쁜 점)이 무엇인지 생각해 봅시다.

발명품의 조상	조상의 단점

5) 〈발명품 비교하기—2단계〉

'우산'과 비슷한 기능을 가진 것 중에서 현재 사용되고 있는 것과 비교해 봅시다.

기능이 비슷한 발명품	차이점	차이점이 장점이 되는 경우

5단계 평가문제

6) 〈발명품 비교하기—3단계〉

'우산'과 같은 종류의 발명품들이 모두 공통적으로 갖고 있는 특징을 적고, 그런 특징이 왜 좋은지 생각해 봅시다.

발명품 집합의 공통된 특징 (부품, 재료, 모양)	장점

5 '파리채'를 변형시키는 단계입니다. 아래 표를 채워 보세요.

1) 〈파리채 변형하기—1단계〉

파리채는 왜 그런 모양으로 만들어졌나요?

2) 〈파리채 변형하기—2단계〉

파리채의 부품, 재료, 모양을 변형시키면 어떤 모습이 될까요?

3) 〈파리채 변형하기—3단계〉

그러한 변화로 인한 단점은 무엇인가요?

4) 〈파리채 변형하기—4단계〉

그러한 변화가 장점이 되는 경우는 언제인가요?

변화 (부품, 재료, 모양)	이 변화는 왜 단점이 되는가?	이 변화는 언제 장점이 되는가?

6 우리 주변에서 한 가지 문제를 찾아보고, 그 문제를 해결할 수 있는 발명품을 창의적으로 만들어 봅시다.

1) [문제 확인하기]

   ① 〈단계 1〉 어떤 발명품을 만들 것인가?

   위의 문제를 해결할 수 있는 발명품은 무엇인가요?

   ② 〈단계 2〉 평가 기준은 무엇인가?

   만들고자 하는 발명품에 적용될 가장 중요한 기준은 무엇인가요?
   -
   -
   -

2) [문제 해결하기]

   ① 〈단계 1〉 문제를 해결할 수 있는 아이디어 찾아내기

   앞에서 선택한 문제를 해결할 수 있는 방법을 3가지 이상 적어 보세요.
   -
   -
   -

5단계 평가문제

② 〈단계 2〉 아이디어 선택하기
여러 가지 아이디어 중에서 가장 좋다고 생각되는 것을 하나 선택해 보세요.

③ 〈단계 3〉 아이디어를 다듬고 덧붙이기
아이디어대로 발명품이 작동될 수 있는지 생각해 보세요.

㉠ 부품

㉡ 재료

㉢ 모양

㉣ 사용 방법

3) [발명품을 그림과 설명으로 나타내기]
발명품의 모양을 그림으로 그리고, 필요하다면 부품과 재료를 표시하세요. 아래에 발명품이 어떻게 작동되는지 설명해 보세요.

설명 _____

해답 및 학습지도안

Ⅰ. 정보와 해석

1. 드러난 사실과 숨겨진 사실

글을 쓰는 사람은 언제나 일정한 목적을 가지고 있다. 독자에게 정보를 준다거나, 재미와 흥미를 준다거나, 설득을 하고 교훈을 주는 등의 목적 말이다. 여기에서는 광고문이 지닌 명시적인 내용과 암시적인 내용을 글쓴이의 목적에 비추어 분석해 보고, 몇몇 우화가 주는 교훈을 추리하도록 한다.

▶ "글을 쓰는 사람은 언제나 목적을 갖고 있습니다. 정보를 주고자 할 수도 있고, 독자들을 즐겁게 하거나 아니면 설득하려고 할 수도 있습니다. 만일 독자들이 글의 목적에 따라서 글을 분석하고 해석하려고 한다면, 글쓴이의 전달 내용을 이해할 수 있는 준비가 잘 된 것이라고 할 수 있습니다."

"우리가 오늘 함께 생각할 것은 글을 쓴 사람이 암시적으로 전달하고자 하는 것이 무엇인지 찾아내는 방법에 관한 것입니다."

첫 번째 생각여행 8~11쪽

▷ 교과서, 이야기, 광고문, 편지글을 읽을 때, 단순히 거기에 쓰인 대로 읽기보다는, 그것을 쓴 사람이 어떤 특정한 '의도'나 '목적'을 염두에 두고 있었는가에 주목하며 읽는다면, 훨씬 잘 이해하고 깊은 의미를 파악할 수 있게 될 것이다.

1-1

가족의 소식을 전하기 위해/방문을 하기 위해/생일 축하를 위해/선물에 대한 감사의 말을 전하기 위해서

▶ "이 밖에도 더 많은 이유가 있을 수 있습니다. '무엇'을 쓰는가는 글을 쓰는 목적에 따라서 달라집니다."

"편지를 쓸 때 어떤 목적이나 이유가 있듯이, 모든 글이나 그림, 영화 속에는 그것을 쓰거나 만든 사람의 목적, 이유, 의도, 생각 등이 들어 있습니다. 글쓴이의 목적이 무엇인지 알아내는 것, 글쓴이가 우리에게 전달하려고 하는 것이 무엇인지 알아내는 것은 글 전체를 이해하기 위해서 아주 중요한 일입니다."

"교과서, 이야기, 광고문 등을 읽을 때 우리는 그것을 쓰인 대로만 보기 쉽습니다. 그러나 글을 쓴 사람이 어떤 특정한 의도나 목적을 염두에 두고 있다는 사실에 주목한다면, 우리가 읽은 것을 훨씬 잘 이해하고 파악할 수 있을 것입니다."

1-2

▶ "광고문은 무엇을 위한 것이지요? 사람들은 왜 광고문을 쓸까요? (다른 사람에게 물건을 팔거나 서비스를 받도록 하기 위해서입니다.) 만일 누군가 식당 광고문을 쓴다면 그 이유가 무엇일까요? (사람들이 그 식당에 찾아가도록 하기 위해서일 것입니다.)"

"이 문제의 광고에 나와 있는 식당 이름은 '베르사이유 레스토랑'입니다. 베르사이유는 프랑스에 있는 아주 크고 멋진 궁전의 이름입니다. 언제나 최고의 것을 주장했던 프랑스의 왕 루이 14세가 17세기에 지었답니다."

1)
▶ "광고에 식당 이름을 나타내는 것은 왜 중요하나요? (어떤 식당인지 밝혀야 다른 식당과 구별될 수 있기 때문입니다.)"

"식당 이름 바로 위에는 멋진 그림이 있습니다. 이 그림은 왜 넣었을까요? (식당 이름을 기억하고 알아보기 쉽도록 하기 위해서입니다.)"

"이 식당에서는 어떤 종류의 음식을 팔고 있나요? (프랑스와 유럽의 고급 요리입니다.)"

"광고 아래에도 몇 가지 정보가 있군요. (문을 여는 시간과 전화번호, 식당의 위치 등을 알려 주고 있습니다.)"

	광고문에 나타난 정보
식당 이름	베르사이유 레스토랑
파는 음식	최고급 프랑스, 유럽 요리
문 여는 시간	오후 5시 30분~11시 30분
전화번호	555-1234
위치	세종로 삼거리 예술회관 맞은편

▶ "이제 이 광고에 나와 있는 정보들을 다 찾은 것 같습니

다. 이 정보들은 우리가 그 식당에 가고자 할 때 알아야 할 정보들을 말해 주고 있습니다."

"좋은 식당 광고에는 우리가 지금까지 써 넣은 내용들을 모두 포함해야 하지만, 또한 그 가운데에는 읽는 사람에게 가고 싶도록 만드는 내용이 포함되어 있어야만 합니다."

2) ① 학교 근처에 있는 중국요리집으로 간다/집 앞 식당에 전화로 주문한다

② 교외에 있는 ××가든에 간다/시내 중심가에 있는 ○○레스토랑에 간다.

▶ "가장 좋은 식당을 고르는 일은 여러 가지 조건에 좌우될 것입니다. 말하자면 가진 시간과 돈은 얼마이며, 누가 가는지, 그리고 어떤 분위기인지에 따라서 달라질 것입니다."

"알맞은 식당을 선택했나요? 식당 광고문을 만드는 사람은 그 식당이 어느 경우에 이용하기 적합한지 알려 주려고 합니다. 하지만 대개는 직접적으로 알려 주고 있지는 않습니다. 그저 암시적으로(또는 간접적으로) 알려 주고 있지요."

3)

"베르사이유 레스토랑은 햄버거나 과자를 먹기 위해서 학교 친구들과 가기에 적당한가요? (아닙니다.) 그곳은 짧은 바지와 티셔츠 차림으로 갈 만한 곳이라고 생각하나요? (아닙니다.) 음식은 손님 스스로 가져다 먹을까요, 아니면 종업원이 날라다 줄까요? (종업원이 날라다 줍니다.) 이런 점들을 하나씩 검토하면서 다음의 표를 완성해 나가세요."

	광고문이 암시적으로 보여 주는 정보
식당의 분위기는?	고급스럽고 우아함
식사의 형태는? (간단/복잡, 평범/세련)	복잡, 세련
식당에 오는 사람들의 옷차림은?	정장, 단정한 차림
어떤 종류의 사람이 주로 올까?	중요한 모임이 있는 어른들
식사 가격대는? (싸다/비싸다/보통이다)	비쌀 것이다

▷ '암시적', '명시적'이라는 낱말의 의미를 모르는 학생들이 있을 수 있다.

＊암시적: 겉으로 드러나 있지 않고 숨어 있는, 간접적으로 보여주는.

＊명시적: 겉으로 드러나 있는, 직접적으로 보여주는.

▶ "우리가 처음 만든 표에는 광고문에 실제 쓰여 있는 정보들이 적혀 있습니다. 이와 같이 직접 제시된 정보를 명시적인 정보라고 합니다. 두 번째로 만든 표에는 광고 속에 명시적으로 나타나 있지 않은 정보들이 적혀 있습니다. 이런 정보를 암시적인 정보라고 하지요."

"암시적인 내용들은 광고문에 직접 나타나 있지 않지만, 그 광고문을 쓴 사람이 전달하려고 하는 아주 중요한 내용입니다. 이런 내용들은 겉으로 잘 드러나 있지 않기 때문에, 우리는 곰곰이 생각해서 그것을 추리해 낼 수 있어야만 합니다."

1-3

구분		알려 주는 정보
광고문이 직접 알려 주고 있는 것	식당 이름	탑골 가족 잔치
	음식의 종류	패스트 푸드
	파는 시간	오전 7시 30분~오후 11시 30분
	전화번호	555-1234, 555-4321
	위치	탑골 네거리
광고문이 암시적으로 알려 주는 것	분위기	시끄럽다, 즐겁다
	식사의 형태	간단함
	주로 오는 손님	어린이, 청소년
	손님들의 옷차림	평상복
	음식 가격의 수준	싸다

두 번째 생각여행 12~15쪽

▷ '우화'를 읽고, 그 이야기들이 암시적으로 어떤 교훈을 주려고 하는지를 파악하는 활동을 하게 된다.

2-1

▶ "'개미와 베짱이'라는 이야기를 알고 있나요? 이 이야기는 고대 그리스의 이솝이 쓴 우화입니다. ('우화'는 교훈을 주는 짧은 이야기를 말합니다.) 우화의 등장인물은 인간처럼 말하고 행동하는 동물들입니다. 우화의 교훈은 언제나 직접 나타나 있지 않고 암시적입니다. 그러므로 우리는 우화를 읽으면서 그 암시적인 교훈을 찾아낼 수 있어야 합니다."

1)

등장인물	행동	결과
개미	일을 열심히 함	식량이 많아짐
	식량을 많이 저장함	추운 겨울을 잘 보내게 됨
	베짱이에게 일을 하라고 함	비웃음을 당함
베짱이	노래를 부르며 놀기만 함	식량을 저장하지 못함
	개미에게 놀자고 함	거절을 당함
	식량을 저장하지 않음	겨울을 고통스럽게 보냄

2) ① ×/놀기만 하다가는 베짱이처럼 힘들게 된다.
　② ×/다른 사람에게 진심 어린 충고를 하는 것은 좋은 일이다.
　③ ×/개미는 열심히 일했기 때문에 즐겁게 겨울을 보낼 수 있게 되었다.
　④ ○/개미처럼 훗날을 대비해서 열심히 일해야 한다.

2-2

1) 저는 사람이라고 해서 다 사람은 아니라고 생각했습니다. 제 눈에는 돌을 치운 사람만이 참된 사람으로 보였습니다. 그래서 목욕탕에는 한 사람밖에 없다고 말씀을 드린 것입니다.

▶ "여러분은 이 글의 목적이 교훈을 주는 것이라는 점을 알겠지요? 이제 그 단서를 찾아봅시다. 이 이야기에 담긴 교훈을 알려면 각 등장인물이 무슨 말을 하고 어떤 행동을 하는지, 그리고 그 결과는 어떻게 되었는지 잘 살펴보아야 합니다."

"이야기의 흐름을 떠올리면서 등장인물의 행동, 이야기의 결말, 그리고 교훈 사이의 관계를 분명하게 정리해 봅시다."

2)

등장인물	행동	결과
이솝	목욕탕에 사람이 많은데 한 사람밖에 없다고 함	선생님이 화를 냈으나 나중에 칭찬을 받음
선생님	이솝의 말을 듣고 목욕탕에 갔다가 사람이 많은 것을 보고 이솝을 꾸중함	화낸 것을 반성하고 이솝을 칭찬함
목욕탕에 온 사람들	돌을 치우지 않고 그냥 들어감	다른 사람들이 걸려서 넘어짐
돌을 치운 노인	돌을 치우고 나서 들어감	다른 사람들이 넘어지지 않음

3) ① ×/여기서는 그것을 말하려는 게 아니다.
　② ×/이솝은 선생님의 심부름을 잘하지는 못했지만, 훨씬 더 중요한 점을 깨우쳐 주었다.
　③ ○/이 이야기가 주는 교훈이다. 돌을 치운 노인처럼 남을 생각할 줄 아는 사람, 더불어 사는 마음을 갖고 행동으로 실천하는 사람이 참된 사람이다.

▶ "이 이야기에 제목을 붙인다면 어떻게 될까요? (사람다운 사람, 참된 사람, 이솝이 찾은 사람)"

2-3

첫째, 각 등장인물이 무슨 말을 하고 있는지 살펴본다.
둘째, 각 등장인물이 어떤 행동을 하고 있는지 살펴본다.
셋째, 각각의 말과 행동의 결과가 무엇인지 살펴본다.

생각연습 16~19쪽

▷ 몇 편의 우화를 읽고, 그것이 주는 교훈을 찾아보는 연습을 하게 된다.

3-1

▶ "이 이야기에는 까마귀 하나만 등장하고 있습니다. 까마귀의 행동과 결과를 정리해 볼까요."

1)

등장인물	행동	결과
까마귀	주전자 속의 물이 부리에 닿지 않아 돌을 넣어 물이 차오르게 함	물을 맛있게 먹게 됨

2) ① ×/까마귀가 운이 좋아서 물을 먹게 된 것은 아니다.
　② ×/까마귀가 그저 끈기 있게 기다리기만 해서 물을 먹을 수 있게 된 것은 아니다.
　③ ○/이 이야기가 주는 교훈이다. 까마귀는 포기하지 않고 여러 가지로 궁리한 끝에 해결책을 찾아내었다.
　④ ×/이 말도 틀린 말은 아니나, 까마귀가 다른 사람에게 도움을 청하려고 한 적이 없으므로 이 이야기의 경우에는 해당되지 않는다.

3-2

▶ "등장인물의 행동에 따른 결과를 정리해 보세요."

1)

등장인물	행동	결과
어부	살려달라고 애원하는 물고기의 청을 무시함	물속에 빠져 허우적댈 때 물고기의 도움을 받지 못함
물고기	어부에게 살려달라고 애원함	어부로부터 거절 당함. 어부가 자기에게 했던 말을 그대로 어부에게 함

2) ① ×/이 말은 옳은 말이지만, 위의 이야기가 주는 교훈은 아니다. 어부나 물고기가 잘못 처리한 것을 다시 조심스럽게 한 것은 아니기 때문이다.
　② ○/이것이 이야기의 교훈이다. 다른 사람을 대하는 가장 좋은 방법은, 우리가 그들의 처지에 놓여 있다면 어떤 대우를 받고 싶은가를 상상해 보는 것이다.

③ ×/어부가 거짓말을 한 것은 아니다.
④ ×/어부나 물고기가 자신이 할 수 없는 것을 할 수 있는 척하다가 곤경에 처한 것은 아니다.

Ⅰ. 정보와 해석

2. 모든 이야기에는 의도가 있다

글쓴이가 전달하고자 하는 내용을 올바르게 파악하기 위해서는 등장인물의 의도와 목적이 무엇인지 분석할 필요가 있다. 여기서는 등장인물의 의도와 목적을 파악함으로써 글쓴이가 독자에게 전달하고자 하는 의미를 깨닫는 방법을 터득하도록 구성되어 있다.

▶ "르카레라는 어느 작가는 '고양이가 자리에 앉아 있다'는 이야기가 될 수 없다고 말했습니다. 그는 이어서 '고양이가 강아지의 집에 앉아 있다'는 이야기가 될 수 있다고 말했습니다."

"여러분은 그 차이를 알 수 있겠습니까? 첫 번째 문장과 달리 두 번째 문장이 이야기가 될 수 있는 이유는 무엇인가요? 고양이가 그냥 자리에 앉아 있다는 것은 흥미로울 것이 없고, 이것이 이야기의 시작이자 끝일 뿐입니다. 그러나 고양이가 강아지의 집에 앉아 있다는 것은 온갖 흥미와 의문을 갖게 만듭니다. 강아지가 그것을 알고 있을까? 강아지는 화가 나 있지 않을까? 고양이가 왜 강아지 집에 앉아 있을까?"

"이야기는 늘 그 등장인물들이 하고자 하는 것과 관련되어 있습니다. 즉, 등장인물들의 '목적'과 관련된 것이지요. 목적을 달성하기 위해서 등장인물들은 어떤 행동을 하려고 할까? 그런 과정에 어떤 장애물과 위험이 도사리고 있을까? 이런 것들이 이야기의 재미를 결정하는 것이지요."

첫 번째 생각여행 20~22쪽

▷ 어떤 이야기이건 그 이야기에는 등장하는 인물들이 하고자 하는 것, 즉 등장인물의 목적이 나타나 있다. 그리고 그 이야기가 재미있는지 아닌지의 여부는 등장인물이 품은 목적이 이루어지는 방식에 달려 있다. 이하의 활동들은 이야기 속의 등장인물이 품은 목적 또는 의도가 무엇인지 알아내는 것과 관련된 것이다.

▶ "어떤 이야기를 이해하기 위해서는 그 이야기에 등장하는 인물들의 목적이 무엇인지 확인할 수 있어야 합니다. 등장인물이 자기의 목적을 이루기 위해서 어떤 행동을 하고 있는지 다음 이야기를 통해서 살펴볼까요?"

1-1

▶ "이야기에 나오는 인물은 누구누구인가요? (세나, 나리입니다.)"

1) 나리네 집에서 나리와 함께 놀고 싶어서
2) 부모님이 손님을 맞는 일을 도와드려야 하기 때문에 세나의 마음이 상하지 않도록 잘 말하는 것
3) 놀 시간이 얼마 없다는 것을 간접적으로 전달함으로써 친구의 마음을 상하지 않게 할 수 있었다

▶ "세나는 나리네 집에 갈 것 같은가요?"
"세나는 나리네 집에서 놀다가, 나리가 부모님을 도와드릴 수 있도록 그 집을 떠나 줄 것 같은가요?"
"이때 세나는 마음이 상하지 않고 돌아갈 것 같은가요?"

1-2

▶ "우리가 읽게 될 다음 이야기에는 등장인물의 말과 행동을 통해서 글쓴이가 전해 주고자 하는 내용이 있습니다. 등장인물이 어떤 생각을 가지고 있고, 글쓴이는 어떤 의도를 갖고 있는지 생각하며 글을 읽어 보세요."

1) 집주인을 괴씸하게/집주인을 골탕먹여야겠다고/집주인을 얄밉게
2) 돈을 받고 화장실 사용을 허락한 주인이 얄미워서 골탕을 먹이려고
3) 정만쇠가 오랫동안 나오지 않자 집주인은 안달이 났습니다. 식구들 모두 화장실에 가야 하는데, 갈 수가 없기 때문이었습니다. 저녁이 되어도 계속 정만쇠가 나오지 않자, 집주인은 화장실 앞에

가서 정만쇠에게 사정을 하였습니다. 그러자 정만쇠는 자기가 준 돈의 10배를 주면 나오겠다고 큰소리를 쳤습니다. 울며 겨자 먹기 식으로 집주인은 정만쇠에게 돈을 주었습니다.

4) 정만쇠의 꾀, 화장실을 산 정만쇠, 화장실 속에서 버티기

▶ "글쓴이는 이 이야기를 통해서 무엇을 말하고자 하나요? (욕심을 너무 많이 부리다 보면, 결국 더 큰 손해를 보게 된다는 것입니다.)"

두 번째 생각여행 23~25쪽

▷ 글을 쓰는 사람은 항상 글을 쓰는 목적을 가지고 있다. 독자들을 재미있게 하기 위한 것도 있고, 교훈을 주기 위한 것도 있고, 그 외에도 다양한 목적이 있을 수 있다. 두 번째 생각여행에서는 등장인물의 목적과 글쓴이의 목적을 함께 고려해 보는 활동을 하게 된다.

2-1

▶ "우리가 읽게 될 다음 이야기에서는 글쓴이가 '여론'에 관하여 무엇인가를 말하고자 합니다. 이를 위해 글쓴이는 이야기 속에서 한 소년의 생각과 세상 사람들이 소년에게 기대하는 것 사이에 존재하는 커다란 차이를 드러내고자 했습니다. 등장인물들의 생각과 글쓴이의 의도가 무엇인지 주목하면서 다음 이야기를 읽어 보세요."

1) 부러진 이빨에 온 신경이 가 있었기 때문이다.
2) 개구쟁이가 얌전한 아이로 변해서 기쁘면서도 한편으로는 걱정도 되었다.
3) 현수라는 아이에게 무엇인가 아주 특별한 마음의 변화가 있었을 거라고 생각하였다.
4) 현수: 부러진 이빨에 신경이 쓰여서 계속 혀로 핥으려고 생각함.
   현수 부모님: 자기 아들이 좀 특별하고 뛰어난 사람이라고 생각함.
   선생님: 현수가 뛰어난 인물일지도 모른다고 생각함.
   TV 시청자들: 호기심을 갖고 현수라는 아이의 천재성과 위대함을 확인해 보려고 함.
   TV 프로그램 제작자들: 특별한 프로그램을 제작하여 시청자들의 호기심을 자극하려고 함.
5) 겉으로 드러난 인기나 명성은 진정한 가치와 전혀 관계없을 수도 있다. 겉으로 드러난 모습만으로 평가를 해서는 안 된다. 아무 생각 없이 유행을 좇아서는 안 된다.

6) 예 1: 현수는 예전의 성격을 되찾게 되고, 그가 전혀 특별한 사람이 아니었음이 밝혀지고, 주변 사람들은 자기들이 어리석었음을 깨닫게 된다.
   예 2: 현수는 여전히 얌전하겠지만, 특별한 사람이 아니라는 사실이 모든 사람들에게 알려진다.

▶ "현수는 자신의 이빨 외에는 아무것에도 관심이 없었지만, 천재로 인정받고 온 나라에서 명성을 얻었습니다. 글쓴이는 현수 자신과 다른 사람들이 현수에 대해서 믿고 있는 것 사이의 이와 같은 우스운 대비를 만들어서 재미있는 이야기를 만드는 동시에, 자기가 전달하고자 하는 내용도 전해 주고 있습니다. 글쓴이는 이 이야기를 통해서 아무 생각 없이 유행을 좇거나 여론을 따라다니는 현대인들의 잘못된 성향을 비판하고 있습니다."

생각연습 26~27쪽

3-1

▷ 다양한 반응이 있을 수 있다. 다음은 원래 이야기의 뒷부분이며, 2)번과 3)번은 그 이야기에 비추어 보았을 때 얻을 수 있는 답이다.

1) 할아버지는 기쁜 표정으로 이렇게 말하였다. "나는 이제 늙어서 더 이상 이 생선 가게를 할 수가 없네. 그런데 내게는 아내도 없고, 자식도 없다네. 그래서 그 동안 내가 모아 놓은 재산과 생선 가게를 누구에게 넘겨줄 것인가 고민하다가 이렇게 고등어 속에 금화를 하나씩 넣어 보았다네. 그런데 생선 속에 금화를 넣은 지 여러 달이 되었지만, 금화를 다시 가져온 사람은 자네가 처음이라네. 자네야말로 내가 찾던 바로 그 사람일세."
   그 후 생선 가게 할아버지는 그 젊은이에게 자신의 재산과 가게를 모두 넘겨주었고, 젊은이는 생선 가게를 아주 잘 운영하여 더 큰 부자가 되었다고 한다.

2) 정직하고 성실하게 일할 사람을 찾아서 자기의 생선 가게를 물려주려고

3) 사람은 정직하게 살아야 한다. 정직한 사람은 당장은 손해를 볼지 몰라도 결국은 이익을 얻게 된다. 정직한 사람이 많은 사회일수록 그 사회는 밝고 행복해진다.

Ⅰ. 정보와 해석

3. 바꾸어 놓고 생각하기

글의 완전한 의미를 결정하는 주요 요소인 등장인물들의 관점과 글쓴이의 관점을 파악하는 활동을 하게 된다. 책을 읽을 때뿐만 아니라, 사람들을 대할 때에도 다른 사람의 관점에서 사태를 바라보는 능력은 매우 중요하다. 이 능력이야말로 다른 사람을 효과적으로 설득하고, 협력하게 하고, 의사소통을 원활하게 하는 열쇠가 된다.

▶ "여러분은 '관점'이라는 말의 뜻을 알고 있나요? 어떤 사람의 '관점'이란 무엇을 말하나요? (관점이란 어떤 사람이 무엇에 대해서 생각하고 있는 것, 그것에 대한 태도를 가리킵니다.)"

"여러분 각자의 관점에서 가장 먹고 싶은 것 세 가지만 말해 보세요. 다른 사람이 생각한 것과 얼마나 같고 다른가요? 같은 것도 있고 다른 것도 있을 것입니다. 왜 그럴까요?"

"그 이유는 가장 먹고 싶은 것에 관한 관점이 사람들마다 조금씩 다르기 때문입니다. 사람들은 여러 가지 차원에서 서로 다른 관점을 갖고 있습니다."

▶ "관점을 결정해 주는 차원에는 어떤 것들이 있을까요? 그 중에서 한 가지 차원은 사람들이 좋아하는 것과 좋아하지 않는 것의 차원입니다."

〈좋아한다〉:〈좋아하지 않는다〉

"사람들의 관점에 영향을 미치는 또 다른 차원에는 어떤 것들이 있을까요?"

〈관심이 있다〉:〈관심이 없다〉

〈원한다〉:〈원하지 않는다〉

첫 번째 생각여행 28~29쪽

▶ "사람들의 관점은 서로 다른 많은 차원에 대한 자신의 지식과 느낌에 의해서 결정됩니다. 사람마다 관점이 서로 다르다는 것은 그다지 놀라운 일이 아니지요. 다음에 주어지는 이야기 속에는 가장 좋아하는 음식을 아주 다르게 말한 두 학생의 관점이 들어 있습니다. 함께 살펴볼까요?"

1-1

1) 저는 피자를 좋아하지만, 정숙이는 다른 음식을 더 좋아하기 때문이에요.

▶ "희철이는 어떤 아이인 것 같습니까? (희철이는 다른 사람의 생각과 의견을 존중해 주는 아이인 것 같습니다.)"

2) 그 사람이 좋아하는 것과 싫어하는 것, 원하는 것과 원하지 않는 것, 관심을 갖는 것과 관심 없는 것이 무엇인지 잘 알고 고려해야 한다.

▶ "그런 것들을 그 사람이 가진 '관점'이라고 말합니다. 예컨대, 위의 글에서 사람들마다 가장 먹고 싶은 것이 조금씩 다를 것이고, 이것은 사람들마다 음식에 관하여 다른 '관점'을 갖고 있기 때문입니다."

1-2

1) 어떤 사람이 특정한 것에 관하여 생각하는 태도를 말한다.
2) 사람들마다 갖고 있는 지식, 느낌, 생각 등이 모두 다른데, 그런 것들에 따라 관점이 달라지기 때문이다.

▶ "사람들마다 관점이 다르다는 것은 놀랄 일이 아닙니다. 누군가에게 잘 대해 주고자 할 때, 그 사람의 관점을 생각하는 일은 매우 중요합니다."

두 번째 생각여행 30~34쪽

2-1

▷ 학생들에게, 등장인물인 사무엘스와 두 젊은이(제임스와 프리슬리)의 관점이 어떻게 다른지 살펴보라고 말한다.

▶ "다음의 이야기는 미국 독립전쟁 무렵에 일어난 이야기입니다. 두 젊은이가 나이 들고 돈이 많은 사업가에게 독립군이 싸우는 데 필요한 자금을 지원해 달라고 설득하고 있습니다. 이야기를 읽어 가면서 각 등장인물의 관점이 무엇인지 주목하세요. 그리고 각각의 등장인물이 다른 사람의 관점을 얼마나 고려하고 있는지에 대해서도 생각해 보세요."

1) ① 영국과의 전쟁을 지원할 것인가 말 것인가 하는 문제
   ② 영국과 싸우는 것은 옳지 않다.
   ③ 전쟁에는 돈이 많이 든다. 많은 생명이 희생된다. 가족과 친척, 친구들이 영국에 살고 있다.
2) 미국과 영국이 핏줄이 같기는 하지만 우리 미국인은 믿음이 없는 영국에 대항해서 싸워야 한다.
3) 미국에 대한 영국의 부당한 대우로 비난받아야 할 대상이 누구인가에 대해서 관점이 다르다. 전쟁으로 인한 피해와 이익이 서로 다르기 때문이다.
4) 사무엘스를 설득하여, 영국과의 전쟁에 도움을 받는 것
5) 섣불리 전쟁을 일으키면 많은 것을 잃게 된다. 좀 더 시간을 갖고 신중하게 행동해야 한다.

▷ 사무엘스를 설득하는 두 젊은이의 태도에 주목하면서 이어지는 글을 읽게 한다.

6) 사무엘스는 자신의 이익에만 몰두해 있다. 미국의 독립을 위해서 노력하지 않는다.
7) 두 사람의 생각이 짧다. 나에게 너무 무리한 요구를 하고 있다.
8) 실패했다. 영국과의 전쟁에 대한 양측의 관점이 너무 크게 다르다. 제임스가 사무엘스를 부드럽게 설득하지 못하고 너무 감정을 앞세웠기 때문이다.

▶"이 이야기의 중요한 전달 내용은 다른 사람의 관점을 이해하고 인정하려 하지 않는다면, 그 사람과 효과적으로 논의할 수 없다는 점입니다. 만일 어떤 사람의 동의와 설득이 필요한 문제에서 그 사람의 관점을 제대로 이해하지 못한다면 그를 설득할 수 없습니다. 또 한 가지, 글쓴이가 말하고자 하는 것은 누군가와 논쟁할 때에는 이성을 잃지 말라는 것입니다. 이성을 잃으면 일을 망치게 되는 것은 물론이고 어리석게까지 보일 따름입니다."

세 번째 생각여행 34~36쪽

▷ 여기에서는 학생들로 하여금, 등장인물들이 상대방의 관점을 오해하여 생기는 문제에 대해서 생각해 보게 한다.

▶"다음에 나오는 이야기는 노마라는 아이에 관한 이야기입니다. 이 이야기의 요점은 다른 사람의 관점이 무엇인지 그저 표면적으로만 이해하려는 것만으로는 충분하지 않다는 것입니다. 만일 어떤 사람의 관점을 오해하게 된다면 그가 말하거나 행하는 모든 것을 오해하게 됩니다."

3-1

1)
▷ 여러 가지 대답이 있을 수 있다. 노마와 엄마의 오해가 풀리는 쪽으로 대화를 진술하면 될 것이다. 다음은 그 예이다.

엄마: 노마야, 너무 걱정하지 마라. 동생이 생기더라도 엄마와 아빠는 변함없이 너를 사랑하고 소중하게 생각할 거야.
노마: 엄마, 저는 동생이 생겨서 무척 기분이 좋아요. 엄마가 저 때문에 싫은데도 아기를 가진 것 같아서 미안해요.
엄마: 노마야, 그렇게 생각하니. 정말 고맙다.
노마: 아니에요. 제가 고마운 걸요.

2)

	노마에게 동생이 생기는 것에 대한 관점(입장)	상대방(노마는 엄마에게, 엄마는 노마에게)의 관점에 대한 이해
노마	동생이 생기는 것을 좋아함	자기 때문에 엄마가 아기를 낳으려고 한다고 생각함
노마 엄마	둘째 아이가 생기는 것을 좋아함	노마가 동생이 생기면 관심을 빼앗길까 봐 싫어한다고 생각함

▶"이 이야기는 행복한 결말로 끝이 났습니다. 사실 처음부터 끝까지 행복한 이야기였습니다. 결국 모든 등장인물들은 서로 갈등을 일으키는 생각을 갖지 않았습니다. 모두들 아기를 원하고 있었던 것입니다. 그러면 무엇 때문에 그와 같은 긴장과 혼란이 빚어진 것일까요? 노마는 엄마가 아기를 원하지 않는다고 생각했고, 엄마도 노마가 동생을 원하지 않는다고 생각했기 때문입니다. 모든 인물이 비슷한 생각을 갖고 있었지만 서로 그렇지 않다고 오해를 했던 것입니다. 다른 사람의 관점을 제대로 이해하는 일은 이처럼 중요한 것입니다. 만일 그것을 오해한다면 서로의 말과 행동 하나하나를 오해하게 되기 때문입니다."

생각연습 37~39쪽

4-1

1) 회사가 종업원들을 인간답게 대해 주지 않고 있다고 생각한다.
2) 종업원의 이름을 부르지 않고, 번호를 부르고 있다. 상냥하지 않고 퉁명스럽게 대하고 있다.
3) 사장은 종업원의 관점을 제대로 파악하지 못하고 있다. 자신이 종업원들을 잘 대해 주고 있다고 생각한다.

4-1
1) 운전기사의 행동은 이기적이고 무책임하다.
2) 운전기사의 행동은 칭찬받을 만하고 박수를 받을 만하다.
3)

▷ 학생들이 실제로 경험했거나, 다른 사람의 유사한 경험을 목격한 것이 있으면 발표해 보게 한다. 예를 들어 다음과 같은 경험이 있을 수 있다.

언니가 내 방에 노크도 없이 살짝 들어와서, 나는 내 행동을 몰래 감시하려고 하는 줄 알고 짜증을 부렸다. 그런데 언니가 내가 눈치채지 못하게 슬그머니 선물을 놓고 가려고 했다는 것을 알고 미안한 생각이 들었다.

4-3
1) 매우 중요하기 때문에 열심히 공부해야 한다.
2) 그렇게 중요하게 생각하지 않고, 다른 일에 더 관심이 많다.
3) 부탁하는 말들은 오직 영어로만 하게 해서, 영어의 중요성을 깨닫게 하고, 영어 공부를 하지 않을 수 없게 하였다.
4)

▷ 학생들이 다양한 방법을 제시할 것이다. 아이들과 함께 그런 방법들이 과연 효과적인지 토의해 본다. 예를 들어 다음과 같은 방법이 있을 수 있다.

영어 단어를 잘 외우면 용돈을 얼마씩 준다. 영어 단어를 제대로 못 외우면, 노는 시간과 텔레비전 보는 시간을 줄인다.

I. 정보와 해석

4. 글쓴이의 관점 파악하기

등장인물의 관점을 이해하기 위해서는 글쓴이의 암시적인 정보를 분석하고 해석하는 일이 매우 중요하다. 암시적인 정보와 해석은 독자 자신의 신념과 지식뿐만 아니라 글쓴이가 제공하는 단서와 암시에 달려 있다.

▶ "지난 시간에 우리는 다른 사람의 관점을 생각하는 일이 중요하다는 것을 공부했습니다. 다른 사람의 관점을 고려하지 않거나 오해를 한다면 어떤 일이 일어날지 생각해 보세요."

첫 번째 생각여행 40~42쪽

▶ "글쓴이가 어떤 등장인물의 관점을 명시적으로 말해 주지 않는다면 우리는 어떤 정보를 이용하여 알아내야 할까요? (글쓴이가 제공하고 있는 단서와 사람들의 감정이나 행동에 대한 우리들의 지식을 이용하여 추리해 내야 합니다.)"

1-1
1) 여우가 자기를 잡아먹으려고 하는 줄 알고서
2) 아마도 수탉을 아래로 내려오라고 해서 잡아먹기 위해서일 것이다.
3) 자신을 잡아먹으려고 꾀를 부리고 있다
4) 여우를 속여서 개에게 물리도록 하기 위해서
5) 의심이 많고, 주의 깊고, 현명하다.
6) 욕심이 많고, 사납고, 어리석다.

▷ 그러나 이러한 판단은 어디까지나 수탉의 관점에서 본 것이며, 수탉의 판단이 맞다는 전제 하에서 진술이 가능하다.

두 번째 생각여행 42~45쪽

2-1
▷ 이 이야기는 앞에서 다룬 〈수탉 이야기〉를 수탉의 관점에서 기술하는 것이 아니라 여우의 관점에서 다시 구성한 것이다. 학생들은 이 두 이야기를 서로 비교해 봄으로써 다른 사람의 관점을 고려하지 않거나 오해했을 때 어떤 결과가 초래되는지 깨닫게 될 것이다.

▶ "여러분들은 모두 관점이 중요하다는 것을 알고 있습니다. 어떤 사람이 자신의 문제에 관하여 아무런 관점도 갖고 있지 않은 경우가 있을 수 있나요? (그것은 불가능합니다.) 어떤 것에 대해서 아무런 관점도 갖고 있지 않다고 하더라도, 실제로 의미하는 바는 그것에 대해서 아는 것이 없다거나 관심이 없다는 것이며, 이것 또한 하나의 관점입니다."

"글을 쓰는 이들은 분명히 어떤 관점을 갖고서 글을 씁니다. 어떤 것에 관하여 아무런 관점 없이 글을 쓸 수는 없으니까요. 글쓴이의 관점이 명백히 드러나지 않을 수는 있지만, 언제나 관점이 있기 마련이며, 무엇을 쓸 것인가 하는 것부터가 글쓴이의 관점에 달려 있는 것입니다."

"우리가 앞에서 읽은 이야기는 등장인물인 수탉, 여우, 개 중에서 한 등장인물의 생각과 감정에 따라서 말했습니다. 즉, 수탉의 관점만을 취한 것이지요. 여러분은 만일 글쓴이가 수탉 대신에 여우의 관점을 취했다면 이 이야기가 어떻게 달라졌으리라고 생각하나요? 아래에 이야기가 다시 시작되고 있습니다. 여기에서는 이야기를 여우의 관점에서 말하고 있지요. 이것을 주의 깊게 읽어 보고 글쓴이의 관점에 따라서 이야기가 어떻게 바뀌는지 알아보세요."

1) 이야기를 나눌 친구를 만난 것 같아서
2) 수탉이 자기를 잡아먹으려는 줄 알고 무서워할까 봐
3) 자기를 잡아먹으려는 줄 알고서
4) 이야기를 함께 나눌 친구가 더 생겨서 기분이 좋았다.
5) 무조건 의심하고 미워하는 개와 수탉이 무척 미웠을 것이다. 몹시 기분이 상하고 실망했을 것이다.
6) 의심이 너무 많고 생각이 넓지 못하다.
7) 이해심이 많고 조심스럽다.

▶ "여러분은 이 이야기에 나오는 여우가 어떤 성격의 동물이라고 생각하나요? (이해심이 많고, 조심스럽습니다.)"

"〈수탉 이야기〉를 읽었을 때 여러분은 여우가 교활하고 욕심이 많으며 심술궂은 동물이라고 했습니다. 이제 〈여우 이야기〉를 읽고서는 여우가 부드럽고 진지하며 우정이 있고 외로운 동물이라고 말하고 있습니다. 왜 이런 차이가 날까요? 두 이야기를 비교해서 정리해 볼까요."

2-2

1) ① 조심스럽고 지혜롭다.
   ② 친구를 잘 돕고 용감하다.
   ③ 교활하고 욕심이 많다.
2) ① 의심이 많고, 남의 이야기를 귀담아듣지 않는다.
   ② 무조건 의심하고 공격을 한다.
   ③ 친구를 사귀려 하고 조심스럽고 상냥하다.
3) 등장인물 중에서 누구의 관점에서 이야기를 썼는가가 다르기 때문이다. 즉 글쓴이의 관점이 달라졌기 때문이다.

▶ "우리는 글쓴이의 관점에 의해서 우리가 읽은 것에 대한 해석이 달라질 수 있음을 알게 되었습니다. 우리가 무엇인가를 읽을 때, 먼저 글쓴이의 관점을 찾아내고 거기에 초점을 맞춰야 한다는 점을 꼭 기억하기 바랍니다."

▷ 글쓴이 자신의 관점은 어떤 이야기가 쓰이는 방식에 영향을 미치지 않을 수 없고, 독자들은 이렇게 쓰이는 방식을 통해서 보이지 않는 것까지도 추리해 낼 수 있어야 한다. 이야기이든 교과서든 신문기사든 글을 쓰는 사람은 비록 그것이 명백하지는 않더라도 늘 자신이 쓰는 것과 관련된 관점을 갖고 있다.

생각연습 46~47쪽

3-1

▷ 이 이야기는 두 등장인물, 즉 부인과 소년 중에서 부인의 관점에서 진술된 것이다. 그러므로 부인의 관점에서 대답을 해 보도록 한다.

1) 위기일발. 부인이 위험에서 아슬아슬하게 벗어날 수 있었기 때문이다.

▷ 여러 가지가 가능하다. 위의 답은 그 한 예이다.

2) 행실이 좋지 못한 소년
3) 위의 내용만으로는 정확하게 판단하기 어렵다. 다만 부인의 관점에서 말한다면, 부인에게 위협을 가하고자 따라온 것 같다.
4) 부인
5) 답 생략

▷ 아이들이 소년의 관점에서 다시 쓴 글을 돌아가며 발표해 보게 하고, 처음의 글과 어떻게 달라졌는지 서로 비교해 보게 한다.

I. 정보와 해석

5. 외계인이 지구를 관찰한다면

어떤 진술의 명확성이 글쓴이의 명확한 서술에만 의존하는 것이 아니라, 그것을 읽는 독자가 글에서 다루고 있는 내용에 얼마나 친숙한가와 얼마나 많은 지식을 갖고 있는가에도 의존한다는 점을 배운다.

▷ 이 과의 목적은 명확한 서술이 지닌 다음과 같은 세 가지 중요한 차원을 보여주는 데에 있다.

〈명확한 서술이 지닌 세 가지 주요 차원〉
1. 독자가 알고 있는 개념과 낱말
2. 대상에 관한 글쓴이의 정확하고 세밀한 서술
3. 대상에 대한 독자들의 친숙함 정도

▶ "지난 시간에 우리는 어떤 이야기의 암시적인 정보를 추리하기 위해서 독자들이 이용하는 정보의 종류에 대해 배웠습니다. 그러한 정보의 종류는 무엇이었지요? (글쓴이가 제공하는 단서와 독자 자신의 경험과 지식입니다.)"

"특히 우리는 독자의 추리가 글쓴이의 암시적인 관점에 얼마나 의존하고 있는가를 알 수 있었습니다. 이제부터는 독자의 경험과 지식의 중요성에 대해서 생각해 보려고 합니다."

첫 번째 생각여행 48~49쪽

▷ 첫 번째 생각여행은 '독자의 경험과 지식의 중요성'을 알아보는 활동이다.

1-1

▷ 학생들에게 상상해 보라고 지시할 대상은 어떤 것이든 상관없다. 교재에 나온 문제는 그 한 예이다.

▶ "눈을 감고 상상해 보세요. 지금 나는 나무 가까이 가 봅니다. 그 가지와 껍질을 살펴봅니다. 나무의 색깔도 눈여겨봅니다. 이제는 조금 뒤로 물러서서 나무 전체를 봅니다. 그 주위를 둘러봅니다. 나무는 실내에 있나요? 정원에 있나요? 아니면 다른 어떤 곳에 있나요? 나무 곁에 사람이나 동물이 있나요? 있다면, 무엇을 하고 있나요?"

1) 답 생략

▷ 학생들마다 상상한 것을 말해 보게 한다. 서로 다르게 상상한 점에 주목하라고 말한다.

2) 답 생략

▷ 학생들마다 내용이 다를 것이다.

3) 우리가 떠올린 각각의 나무들은 서로 다른 점도 있고, 같은 점도 있다. 이러한 유사성과 차이점은 우리가 갖고 있는 지식과 경험에 바탕을 두고 있다. 우리가 떠올린 나무들이 다른 것은 우리 자신의 개인적인 경험이 서로 다르기 때문이다.

▶ "우리가 읽은 적이 있는 이야기를 영화로 만든 것을 보면, 등장인물들이 약간씩 다르게 묘사된 것을 경험하게 됩니다. 이러한 일은 우리가 그 이야기를 읽어 가는 동안 상상했던 것과 영화에서 보여주는 것이 서로 다르게 보이거나 다르게 들리기 때문입니다. 글쓴이들은 글을 쓰는 동안 이러한 개인적인 경험에 의존하고 있습니다. 이야기는 독자들이 자신의 상상력 속에서 그것을 되살릴 수 있는 정도까지만 감동적일 수 있습니다."

"우리들이 떠올린 나무의 비슷한 점은 나무에 대한 우리의 공통된 경험과 지식을 반영하고 있습니다. 글쓴이들은 나무에 관한 글을 쓸 경우 이와 같은 공통된 지식을 이용하여 글을 씁니다."

두 번째 생각여행 50~54쪽

2-1

▶ "이제 우리가 함께 읽어 보려고 하는 이야기는 지식과 경험이 얼마나 중요한가를 보여 줍니다. 이 이야기는 외계에서 온 '베코'라는 외계인의 관점에서 쓴 글입니다. 지구의 모든 것이 베코에게는 낯설기 때문에 베코의 글을 우리의 관점에서 볼 때는 매우 이상합니다. 이제 베코의 글을 읽어 보고 베코가 관찰한 대상과 사건이 무엇인가를 추리해 보세요."

1) ① 사람 ② 다리 ③ 발 ④ 사람들이 입고 있는 옷

▶ "베코가 쓴 글이 우리에게 이상하게 들리는 것은 자기가

관찰하고 있는 것이 베코에게는 낯설기 때문입니다. 그것은 단지 베코가 올바른 낱말을 모르기 때문이 아니라, 베코에게는 자기가 본 것을 이해할 수 있는 경험이 없기 때문입니다. 베코는 전에 사람을 본 적이 없습니다. 베코는 무게나 중력에 대한 생각에도 익숙하지 않습니다. 베코는 옷이 무엇인지도 모르고 있습니다. 그래서 베코는 옷을 피부와 혼동하고 있는 것이지요. 지식과 경험이 부족하기 때문에 베코가 혼동하고 있는 또 다른 것들을 살펴볼까요?"

2) ① 자동차 ② 헤드라이트

3) ① 자동차 길
   ② 자동차 길이므로 사람들이 다니지 못하기 때문에
   ③ 기름을 넣고 있다. ④ 세차 중이다.
   ⑤ 사람들이 차를 애지중지하면서 관리하는 것이 주인을 대하는 노예로 보였기 때문

4) ① 버스 ② 사람들이 버스에 타는 모습 ③ 버스의 엔진 소리

5) ① 낮과 밤의 바뀜 ② 집 ③ 집 앞에 주차 중이다.

6) ① 개 ② 개의 네 다리와 꼬리

7) ① 호수나 바다 ② 배 위에 탄 사람

8) ① 물고기를 잡고 있다. ② 그물 ③ 물고기

▶"우리가 살고 있는 세계에 대한 베코의 설명은 다소 이상하게 보입니다. 그것이 그렇게 이상하게 보이는 까닭은 무엇인가요? (우리가 보통 사용하는 낱말로 설명하고 있지 않기 때문입니다.)"

"베코가 설명하고 있는 것들이 우리에게는 익숙합니다. 그러나 베코는 자신이 본 것을 설명하는 데 있어서 우리가 보통 사용하고 있는 낱말들을 사용하지 않습니다. 왜 그럴까요? (그것들이 무슨 이름으로 불리는지 알지 못하기 때문입니다. 문제는 베코가 자신이 본 것의 이름이나 그에 대해 설명할 올바른 낱말을 알지 못한다는 점입니다.)"

"사람들이 글을 읽으면서 추리할 수 있는 이유는 글쓴이가 보여 주는 단서와 독자 자신의 지식 때문입니다. 추리는 부분적으로는 명시적인 정보에 기반을 두고 있으며, 그렇지 않은 경우 우리 자신의 경험과 지식에 기반을 두고 있습니다."

"그렇다면 베코의 추리는 왜 잘못되었을까요? (올바른 추리를 하기 위해 기본적으로 알고 있어야 할 것을 알지 못했기 때문입니다.) 그렇습니다. 어떤 것을 정확하게 이해하는 능력은 이미 알고 있는 지식과 경험에 의존합니다."

생각연습 55~58쪽

3-1

1) 빨펌프. 물이나 다른 액체를 낮은 곳에서 높은 곳으로 끌어올리는 데 사용됨

▷학생들이 위의 글만 읽고 이러한 답을 제시하기는 어려울 것이다. 다음에 주어지는 그림을 보고도 대부분의 아이들이 정확한 답을 제시하지 못할 것이다. 그 이유는 이 물건이 아이들에게 친숙한 물건이 아니기 때문이다. 이제 아이들은 앞에서 보았던 '베코'와 마찬가지의 입장에 서게 된 꼴이 된다. 학생들은 이 활동을 통해서, 설명이 아무리 자세하고 정확하다고 해도 그것을 이해하는 능력은 설명되고 있는 대상에 대한 친숙성과 지식에 달려 있다는 것을 알게 될 것이다. 따라서 글을 쓸 때에는 그것을 읽을 독자들이 이미 알고 있을 법한 내용과 용어로 표현하도록 해야 한다.

2)

▶"어쩌면 이 그림을 보고 나서도 이것이 '빨펌프'라는 것을 알아보지 못하는 사람도 있을 것입니다. 그러면 이 그림을 문제에 나온 설명과 비교해 보세요."

"설명에 들어 있는 명시적인 정보는 매우 자세하고 정확한 듯 보입니다. 그러나 이것은 익숙한 일상용품이 아닙니다. 이것은 빨펌프로서 물이나 다른 액체를 낮은 곳으로부터 높은 곳으로 끌어올리는 데에 사용됩니다. 여러분 가운데 이러한 장치를 본 사람은 거의 없을 것입니다."

"이 경우에 여러분은 앞에 나온 베코와 비슷한 처지에 있다고 할 수 있습니다. 설명이 아무리 자세하고 정확하다고 하더라도 그것을 이해하는 능력은 설명하는 물체에 대한 친숙도와 지식에 달려 있습니다. 글을 쓸 때는 늘 독자가 이미 알고 있을 법한 용어로 표현하도록 주의하지 않으면 안 됩니다."

3-2

1) 시계와 반지를 차고 있는 손

▷이 문제 역시 쉽게 답을 찾지 못할 것이다. 아주 단순하고 쉬운 대상을 복잡하고 어렵게 설명하고 있기 때문이다.

2)

▶"이제 이 그림을 보고 나니 앞의 설명이 이해되나요? 앞의 설명과 비교해 가면서 그림을 살펴볼까요?"

"밑에서 올라온 굵은 줄기는 뭔가요? (팔이나 손목입니다.)"

"중심 부분이란 무엇을 가리키나요? (손바닥입니다.)"
"금속 고리는 반지를 말하고, 거친 검은 띠는 손목시계의 띠입니다. 중심 부분의 옆쪽으로 붙어 있는 굵은 줄기는 무엇인가요? (엄지손가락입니다.)"

▶ "앞서의 설명이 혼란스러웠던 까닭을 생각해 봅시다. 이 그림을 보고 나서는 모든 사람이 그것이 무엇인가를 알았습니다. 그러나 이 그림을 보기 전에는 어느 누구도 그것이 무엇인지 확신을 갖지 못했습니다. 왜 그랬을까요?"
"만일 다른 낱말들을 사용했다면 그 설명 내용이 더 분명했으리라 생각하나요? (그렇습니다.) 만일 누군가에게 여러분이 설명하는 것을 쉽게 이해시키고자 한다면, 듣는 사람이 그 설명을 잘 이해할 수 있도록 낱말들을 잘 골라야 할 것입니다."

▶ "명확한 글을 쓰기 위해서 우리가 염두에 두어야 할 세 가지 사항은 다음과 같습니다."
① 내가 설명하는 것이 다른 사람들에게 얼마나 익숙한 것인가?
② 그것을 설명하기 위해 어떤 낱말을 사용해야 하는가?
③ 그것을 명확하게 하기 위해 얼마나 자세하게 설명해야 하는가?

Ⅱ. 창의력 사고력 키우기

6. 발명품의 비밀

6과부터 12과까지는, '창의적 사고력 키우기'에 관한 것이다. 먼저, 6과에서 3단계로 이루어진 '발명품 분석 방법'에 대해서 공부한다.

▶ "여러분은 연필이나 빨래집게를 눈여겨본 적이 있나요? 평소에는 대수롭지 않게 여겼던 물건이라도 여기에서는 온 주의를 기울여서 찬찬히 살펴보아야 합니다. 그러는 가운데 그 물건들 속에 숨어 있는 창의적인 생각을 하나하나 발견하게 될 것입니다."
"이제부터 우리가 일상생활에서 흔히 사용하고 있는 물건들을 살펴보기 시작합니다. 여러분이 항상 염두에 두어야 할 가장 중요한 질문은 다음과 같은 것입니다. '왜 이 물건은 이런 식으로 만들어졌는가?' 이 질문을 곰곰이 생각하다 보면 우리 주위의 물건들은 모두 과거에 누군가가 특별한 목적을 갖고 만들었음을 알게 될 것입니다. 여기다가 발명품을 분석하는 세 가지 단계를 이용하게 되면 그 물건이 만들어진 이유를 더 명확하게 알게 될 것입니다."

첫 번째 생각여행 60~61쪽

▷ 우리 주변에서 항상 접하는 수많은 물건들은 다 과거 누군가에 의해서 만들어진 '발명품'이다. 학생들 가운데는 그런 것들이 너무나 친숙하거나 하찮은 것이라서 '발명품'이 아니라고 생각하는 학생이 있을 수 있다. 그런 학생들은 대부분 발명품을 복잡하고 거창한 것으로만 생각하고 있다.

▶ "우리는 항상 많은 발명품에 둘러싸여 살고 있습니다. 그런데 이 각각의 발명품들이 모두 누군가에 의해서 어떤 목적을 가지고 만들어졌다는 사실을 잘 기억해 두기 바랍니다."

1-1
젓가락, 자전거, 쓰레기통, 연필, 운동화

▶ "발명품을 잘 찾아냈나요? 발명품은 사람들이 어떻게 하면 더 편리한 생활을 할 수 있을까 하고 깊이 생각한 결과 만들어진 것입니다. 나머지 것들이 왜 발명품이 되지 못하는지 잘 알겠지요?"

1-2
지우개, 필통, 동전, 샤프, 책 등

▶ "우리 주변에는 단순하지만 매우 중요한 발명품들이 수도 없이 많습니다. 또 그것들은 우리가 손쉽게 사용해 왔던 것들입니다. 이런 것들이 갑자기 하루아침에 없어진다면 우리는 당장 큰 불편을 느끼고 아무 일도 할 수 없을 것입니다."
"그렇다면 그 물건들은 어떻게 생겨나게 되었을까요? 그냥 우연히 생겼나요? (아닙니다. 누군가 창조적인 생각을 가진 사람에 의해서 만들어진 것입니다.)"
"그렇습니다. 그와 같은 창의적인 생각은 우리 인간이 할 수 있는 생각 가운데에서도 으뜸 가는 생각입니다. 가장 재미있고 가치 있는 생각이라고도 말할 수 있습니다."

두 번째 생각여행 61~63쪽

▷ 여기에서는 발명품을 '부품', '재료', '모양'의 차원에 따라서 차례대로 분석하는 방법을 익히게 된다.

2-1

▷ '지우개 달린 연필'을 실제로 보여 주며 분석하면 좋다.
▶ "자, 지금부터 발명품을 낱낱이 분석해 볼까요? 조그만 부품 하나하나에도 꼭 있어야 할 이유가 있다는 것을 알게 된다면 그것은 곧 새로운 발명품을 만들 수 있는 출발선에 선 것이 됩니다. 시작하기에 앞서 여러분이 꼭 기억해야 할 질문은 '이 물건은 왜 이런 식으로 만들어졌는가?'입니다."

1) 연필심, 나무 막대, 지우개
2) 흑연, 나무, 고무
3) 끝이 뾰족함, 둥글고 길쭉한 막대 모양

▶ "여러분은 연필처럼 무척 단순해 보이는 물건도 매우 복잡한 생각에 의해서 만들어졌다는 것을 알게 되었을 것입니다. 이제 분석을 더 정확하게 하기 위해서 좀 더 체계적인 방법을 사용해야 할 것 같습니다. 정리해서 말하자면, 하나의 발명품을 분석할 때에는 적어도 세 가지의 기준이 필요하다고 하겠습니다. 부품, 재료, 모양이 그것입니다."

2-2

1)
▶ "연필의 부품을 하나씩 분석하여 봅시다.
첫째, 연필심의 기능 또는 사용 목적은 무엇인가요? (글씨를 쓰는 것입니다.)
둘째, 끝에 달린 지우개는 어떤 기능을 가졌나요? (쓴 글씨를 지우는 기능을 합니다.) 그렇습니다. 지우개는 연필로 쓴 것을 없애고 싶거나 다른 내용으로 바꾸고 싶을 때 사용합니다.
셋째, 연필 끝의 금속 띠는 어떤 기능을 하나요? 잘 생각나지 않으면 그것을 떼어 냈을 때 어떻게 되는지 생각해 보세요. (지우개가 연필에서 떨어지지 않게 고정시켜 주는 기능을 합니다.)

마지막으로, 연필에서 가장 큰 부분을 차지하는 나무막대는 어떤 기능을 합니까? 잘 생각나지 않으면 연필의 길이가 매우 짧아지면 어떻게 될지 생각해 보세요. (연필을 손으로 잡기 편하게 합니다.) 나무막대의 또 다른 기능은 무엇일까요? (연필심이 잘 부러지지 않게 해 주고, 손에 연필심이 묻지 않게 해 줍니다.) 지금 함께 이야기한 내용들을 다음의 표에 정리해 보세요."

부품	부품의 기능
연필심	글씨를 쓰고 그림을 그린다
지우개	쓴 내용을 지운다
금속 띠	지우개를 고정시켜 준다
나무막대	연필을 쉽게 잡을 수 있다/연필심을 보호해 준다 연필심에 손이 더러워지지 않게 해 준다

2)

재료	~보다 낫다	왜 더 나은가?
흑연(연필심)	숯, 크레파스	깨끗하게 써진다
지우개(고무)	수정액	부착하기가 쉽다
고정띠(금속)	두꺼운 종이	단단하게 고정할 수 있다
나무막대(나무)	철, 플라스틱	가볍고 깎기 쉽다

3)

모양	~보다 낫다	왜 더 나은가?
연필심(뾰족하다)	끝이 무딘 모양	정확하게 잘 쓸 수 있다 좁은 지면에 많은 글씨를 쓸 수 있다
나무막대(길쭉하다)	짧은 모양	잡기 쉽고, 오래 사용할 수 있다
나무막대(둥글거나 육각형이다)	사각 모양	잡기 쉽고, 손에 무리를 덜 준다

▶ "지금까지 여러분은 '연필'이라고 하는 아주 간단한 물건과 관련해서 많은 것을 배울 수 있었습니다. 우리가 당연한 것으로 여겨오던 물건도 이렇듯 여러 가지로 생각하여 만들어진 것입니다. 그것이 창의적인 사고 방식입니다. 다른 물건에 대해서도 위와 같은 방법으로 분석할 수 있습니다."

생각연습 63~65쪽

▶ "연필 분석과 마찬가지 방법을 다른 발명품에도 적용하여 보겠습니다. 여러분이 분석하게 될 발명품은 '커터 칼'입니다. 커터 칼은 일반적으로 다음과 같은 모양을 하고 있지요. 발명품 분석의 세 가지 단계를 적용하여 분석해 보세요."

3-1
1)

부품	부품의 기능
칼집	칼날을 고정시켜 주고, 칼날이 손에 닿지 않도록 한다
칼날	종이 등을 자른다/끝이 무뎌지면 한 칸씩 잘라 내고 쓸 수 있다
칼날 조정기	칼날을 길고 짧게 조절할 수 있다/칼날을 잘라 낼 수 있다

2)

재료	~보다 낫다	왜 더 나은가?
칼집(플라스틱)	나무, 종이, 철	가볍고 단단하다
칼날(강철)	나무, 돌, 플라스틱	단단하고 끝이 더욱 날카롭다
칼날 조정기(플라스틱)	나무, 철	칼날을 조정하기가 더 쉽다

3)

모양	~보다 낫다	왜 더 나은가?
칼집(길쭉하고 홈이 있는 모양)	짧은 모양 홈이 없는 모양	잡기 쉽고, 칼날을 집어넣기 쉽다
칼날(얇고, 끊어 쓸 수 있는 모양)	두꺼운 모양 전체가 붙은 모양	자르기에 좋고, 날이 무뎌지면 끊어 내고 쓸 수 있다
칼날 조정기(칼날을 고정시키고, 날을 집어넣어 끊어 쓸 수 있는 모양)	칼날 넣는 구멍이 큰 것/칼날 고정하는 부분이 없는 것	칼날을 고정하여 움직일 수 있다 칼날을 쉽게 끊어 쓸 수 있다

3-2
답 생략

▶ "여러분이 분석할 발명품이 특별한 것일 필요는 없습니다. 그저 우리 주변에서 쉽게 볼 수 있는 것이면 좋습니다. 복잡한 것보다는 단순한 것일수록 더 좋습니다. 여기에서도 여러분이 항상 염두에 두어야 할 질문은 '이 발명품은 왜 이런 식으로 만들어졌는가?'입니다."

▷ 학생에 따라서 다양한 물건에 대한 다양한 분석이 가능하다. 너무 복잡한 물건을 선택하지 말고, 비교적 단순한 것을 정하라고 일러준다.

Ⅱ. 창의적 사고력 키우기

7. 발명품 비교하기

비슷한 기능을 가진 발명품들을 서로 비교함으로써 그 발명품을 좀 더 분명하게 분석하고 이해하는 공부를 한다.

▶ "지난 시간에 배운 '발명품을 분석하는 방법'은 특히 간단한 원리에 의해서 만들어진 발명품에 더욱 잘 적용되었습니다. 오늘은 발명품을 비교하는 방법에 대해서 알아보겠습니다. 여기서 명심해 두어야 할 것은 '하나의 발명품은 다른 발명품들의 집합에 속해 있다'는 점입니다."

"지난 시간에 중요하다고 했던 질문이 생각납니까? ('이 발명품은 왜 이런 식으로 만들어졌는가?'입니다.)"

"이 질문에 대한 해답을 다른 방법으로 풀어 보겠습니다. 그 것은 발명품이 속해 있는 집합과 관련된 것입니다. 어떤 발명품이건 비슷한 기능이나 목적을 가진 다른 발명품들의 집합에 속해 있습니다. 연필을 가지고 이 점을 알아보겠습니다."

첫 번째 생각여행 66~67쪽

1-1

▶ "여러분들은 각자가 갖고 있는 연필들의 특징을 말해 볼

수 있나요? 그 연필들은 서로 비슷해 보이지만 자세히 살펴보면 조금씩 다른 면이 있습니다. 그 다른 점을 찾아서 말해 보세요."

▷ 돌아가면서 각자 갖고 있는 연필의 특징을 설명해 보게 하고, 그것을 순서대로 적어 보게 한다. 다음은 그 예이다.

1) 붓과 먹물, 분필, 깃털과 잉크, 숯
   —가지고 다니기 불편함, 손에 묻음, 작은 글씨를 쓰기 어려움 등

▶ "여러분이 태어나기 전에 살다 돌아가신 할아버지, 증조할아버지, 증조할머니처럼 발명품들도 자기가 태어나기 전에 먼저 세상에 태어난 '조상 발명품'들이 있습니다. 그중에는 지금까지도 그 모양을 간직한 채 사용되는 것들도 있고, 지금은 더 이상 사용되지 않고 사라져 버린 것들도 있습니다."

2) 샤프펜슬, 볼펜, 사인펜, 색연필, 크레파스, 만년필, 매직펜, 분필 같은 필기구들
   — 지우개로 지우기 힘들다, 칼로 깎을 수 없다.

3) — 닳아지면 칼이나 연필깎이로 깎아서 쓸 수 있다.
   — 나무 사이에 검은 심(흑연)이 들어 있다.
   — 쓴 것을 지우개로 지울 수 있다.

▶ "위에서 살펴본 바와 같이, 연필과 같은 필기도구들은 많지만 각각 자기만의 쓰임새가 따로 있습니다. 이제 우리는 한 가지 발명품을 다른 비슷한 종류의 발명품과 비교해 봄으로써 '이 발명품은 왜 이런 식으로 만들어졌는가?'라는 질문에 대해서 더욱 정확한 대답을 할 수 있습니다. 그런데 하나의 발명품을 그와 비슷한 기능을 가진 다른 발명품과 비교하기 위해서는 더 체계적인 방법이 필요합니다. 지난 시간에 다루었던 〈발명품 분석 방법〉에서와 같이 여기에서도 다음과 같은 세 단계의 비교 방법을 사용하게 될 것입니다."

생각연습 68~69쪽

2-1

1)
▶ "발명품 비교하기의 첫 번째 방법은 발명품의 조상과 비교하는 방법입니다. 우리들이 태어나기 전에 살다 돌아가신 할아버지, 할머니, 증조할아버지, 증조할머니처럼 발명품도 자기가 태어나기 전에 먼저 세상을 구경했던 조상 발명품들이 있습니다. 그중에서는 지금까지도 그 모양을 그대로 간직한 채 사용되는 것들이 있고, 또 지금은 사용되지 않고 사라진 것들도 있습니다."

손전등의 조상	불편한 점·나쁜 점
횃불	불을 오래 밝히기 어렵다 그을음이 많이 생긴다 실내에서 사용하기 어렵다
청사초롱	불을 오래 밝히기 어렵다 들고 다니기 불편하다
촛불	불을 오래 밝히기 어렵다 들고 다니기 불편하다 촛농이 떨어져 지저분하다

2)
▶ "발명품 비교하기의 두 번째 방법은 해당 발명품과 비슷한 기능을 가진 발명품들 중에서 현재에도 사용되고 있는 것들과 비교해 보는 것입니다. 지금 손전등이 없어서 그것 대신에 다른 것을 사용하려고 합니다. 만일 손전등 대신 촛불을 사용한다고 하면, 손전등과 촛불의 차이점은 무엇일까요? 또 촛불을 사용했을 경우 손전등보다 좋은 점은 무엇일까요? 이런 것들을 생각해 보고 다음 표에 정리해 보세요."

손전등과 기능이 비슷한 발명품	차이점	차이점이 장점이 되는 경우
촛불	초를 에너지로 사용	건전지가 필요 없음 불을 붙일 수 있음
성냥이나 라이터	불빛을 오래 낼 수 없음	잠깐 불을 밝힐 때 유용함
야광 기구(발광제)	발광 물체를 첨가하거나 부착	건전지가 필요 없음 아름답고 다양한 색깔

3)
▶ "발명품 비교하기 세 번째 방법은 해당 발명품과 비슷한 기능을 가진 발명품들의 공통점을 부품, 재료, 모양의 차원에서 생각해 보는 것입니다. 손전등과 같은 기능을 가진 발명품들이 공통적으로 갖는 특성을 찾아서 표에 정리해 보세요."

손전등 집합의 공통된 특징 (부품, 재료, 모양)	기능 및 장점
손잡이가 있다	손으로 잡기 편리하다
건전지를 사용한다	오래 사용할 수 있다
전구가 있다	불이 날 염려가 없다
스위치가 있다	쓰지 않을 때는 꺼 둘 수 있다
빛을 낸다	어둠을 밝힐 수 있다
가볍다	갖고 다니기 쉽다

Ⅱ. 창의적 사고력 키우기

8. 발명품 변형하기

발명품 분석의 마지막 순서인 '발명품 변형하기'를 한 후, 발명품의 종합적 분석 활동—분석, 비교, 변형—을 한다.

▶ "'이 발명품은 왜 이런 식으로 만들어졌을까?' 자, 오늘은 이 질문에 대해 좀 더 만족스런 대답을 얻기 위해서 또 하나의 방법을 배우게 됩니다. 그것은 발명품 변형하기입니다."
"하나의 발명품이 여기에 있다고 합시다. 지금까지는 이 발명품이 왜 이렇게 만들어졌는지에 대한 의문을 풀기 위해서 그것을 분석하고 비교해 보았습니다. 이제는 그 발명품을 다른 형태로 변형하는 방법을 생각해 보도록 합시다. 다시 말해서, 어떤 발명품을 좀 더 편리하게 사용할 목적으로 '변화' 시켜 보는 것입니다."
"발명품의 변화를 생각해 보면서 해야 할 또 한 가지 일은 변화시킨 상태에서 생길 수 있는 장점과 단점이 무엇인지 확인하는 일입니다. 물론 앞에서 배웠던 발명품 분석 방법도 여기에서 사용됩니다."

첫 번째 생각여행 70~71쪽

▶ "지금까지 우리는 발명의 원리를 이해하기 위한 두 가지 방법을 배웠습니다. (첫째는 하나의 발명품을 부품, 재료, 모양의 세 가지 측면에서 분석하는 것이고, 둘째는 그 발명품과 비슷한 기능을 가진 것들을 서로 비교하는 것입니다.)"
"여기서는 한 걸음 더 나아가서 그 발명품을 조금 다른 모습으로 바꾸어 보는 것입니다. '망치'라는 발명품을 가지고 어떻게 변화시킬 수 있는지 알아봅시다."
▷ 우리는 주변에서 자주 접하게 되는 물건(발명품)들에 대해서 '이 물건은 원래 이렇게 생겼어'라고 당연하게 여기기 쉽다. 여기에서는 그런 물건들을 조금 다른 모습으로 변형시키면 어떤 모습이 될지 상상해 보게 한다.

1-1

1) ① 장점:큰 물건을 박을 때 편리하다. 멀리서도 박을 수 있다.
   단점:손잡이가 거치적거린다. 무거워지기 때문에 불편하다, 물체를 박을 때 정확하게 맞히기 어렵다.
   ② 장점:넓적한 것을 잘 박을 수 있다.
   단점:너무 무겁다.
   ③ 장점:작은 못을 잘 박을 수 있다. 좁은 곳에서도 박을 수 있다.
   단점:큰 것을 박기 힘들다.
2) ① 단단한 것을 박기 힘들다. 망치가 닿는 곳이 손상되지 않는다.
   ② 단단한 것을 박기 힘들다. 망치 머리가 깨지기 쉽다. 망치가 가벼워진다.
   ③ 망치가 가볍다. 손잡이가 약하다.
   ④ 망치가 무겁다. 손잡이가 부러지지 않는다.

▶ "여기까지의 내용을 기초로 아래에 하나의 표가 만들어졌습니다. 지금까지 이야기한 것 외에도 변형할 수 있는 망치의 모습을 모두 생각해 보고 어느 때의 변화가 단점이 되고 어느 때의 변화가 장점이 되는지 알아보세요."

변화 (부품, 재료, 모양)	이 변화는 왜 단점이 되는가?	이 변화는 언제 장점이 되는가?
긴 손잡이	다루기 힘들다	큰 물건을 박을 때
고무로 만든 머리	단단한 것을 박기 어렵다	표면에 흔적이 남지 않음
큰 머리	너무 무겁다	넓적한 물건을 박을 때
작은 머리	너무 가볍고 약하다	좁은 공간에서 못질하기 좋고, 작은 못을 박을 수 있음

▶ "지금까지 우리는 일상적으로 사용되는 망치를 여러 가지 모습으로 변화시켜 보았습니다. 변화시켜 놓고 보니까 큰 망치로 작은 시계를 고치는 시계포 아저씨, 아주 작은 망치로 말뚝을 박는 아저씨 등 생각만 해도 아주 우스운 모습들이 상상되었을 것입니다. 그래서 각각의 변화된 모습들에 따라서 그에 맞는 기능을 다시 찾아 주어야 했습니다. 변화된 발명품 모습들의 단점과 장점을 확인한 일이 바로 그것이었습니다."

두 번째 생각여행 72~73쪽

2-1
답 생략

▷ 각자 한 가지 발명품을 선택해서 위에 제시된 '변형하기'의 단계를 따라서 변형시켜 보게 한다. 발명품을 선택할 때, 너무 복잡하거나 낯선 것을 선택하지 말고, 주변에서 쉽게 접할 수 있는 단순한 것을 선택하게 한다. 예컨대 칼, 빗, 안경, 수저, 집게, 가위, 우산 같은 것이 좋을 것이다.

▶ "계속해서 또 다른 발명품의 변화를 상상해 보도록 할까요? 이처럼 변화된 모습들을 상상하는 가운데 한 가지 알 수 있는 것이 있습니다. 모든 발명품들은 그와 비슷한 기능을 가진 발명품들의 집합에 속해 있기 마련인데, 그 비슷한 기능을 가진 발명품들은 아주 조그만 차이에 따라서 다른 모습을 하고 있다는 것입니다. 예를 들면, 아주 간단한 기능을 가진 숟가락을 보더라도 그것의 부품이나 재료, 모양 등의 아주 조그만 변화에 따라서 수많은 종류의 숟가락이 생기는 것입니다."

"다시 말해서, 우리가 어떤 발명품을 변화시킨다고 할 때, 그 부품이나 재료, 모양을 조금만 변화시킨다면 엄청나게 많은 종류의 변화를 상상할 수 있는 것입니다. 특정한 발명품을 한 가지 정해서 망치를 변화시켰던 방법과 같은 방법으로 변화시키면서 이 점을 확인해 보도록 합시다."

▷ 학생들이 각자 변화시킨 발명품을 돌아가면서 발표해 보게 하고, 더 추가하거나 보충할 점을 지적해 보게 한다. 이 표를 한 장씩 복사해서 한 곳에 게시하여 다른 아이들이 읽어 보게 한 후, 그 내용에 관한 토론을 하여도 좋을 것이다.

생각연습 74~77쪽

▷ 여기서는 '운동화'라는 발명품을 대상으로, 앞에서 배웠던 발명품 분석하기, 비교하기와 이번 단원에서 배운 변형하기를 적용해 보는 활동을 하게 된다.

3-1

▶ "여기 운동화가 있습니다. 여러분이 활동할 때 늘 신고 다니는 것이지요. 운동화는 신의 일종이고, 신에는 운동화 외에도 구두, 장화, 샌들, 슬리퍼 등 많은 종류가 있습니다. 운동화에도 테니스화, 조깅화, 축구화 등 수많은 종류가 있습니다. 하지만 사람의 발을 보호하는 구실을 한다는 점에서는 모두 공통된 특성을 갖고 있습니다. 우리는 하루도 신을 신지 않고는 살아갈 수 없습니다. 이제부터 여러분은 지금까지 배운 세 가지 방법, 즉, 분석하기, 비교하기, 변형하기를 모두 적용하여 운동화라는 발명품의 원리를 알아내기 바랍니다."

1)

부품	부품의 기능
바닥	못이나 유리 조각 같은 것으로부터 발을 보호해 준다 발바닥을 부드럽게 닿게 해 주고, 탄력있게 해 준다
끈	신이 발에서 벗겨지지 않게 해 준다 발에 맞게 신을 조여 준다
몸통	발을 감싸고 보호해 준다

2)

재료	~보다 낫다	왜 더 나은가?
고무 바닥	가죽 바닥	미끄러지지 않는다
면이나 가죽 끈	고무줄 끈 종이 끈	너무 많이 늘어나지 않고, 잘 끊어지지 않는다
면이나 가죽 몸통	종이 몸통 고무 몸통	물에 젖거나 쉽게 찢어지지 않는다/땀 흡수가 잘 된다

3)

모양	~보다 낫다	왜 더 나은가?
낮은 뒷굽	높은 굽	빨리 달릴 수 있다 발이 편하다
둥근 모양의 앞과 뒤	네모나거나 뾰족한 모양의 앞과 뒤	발을 이리저리 움직일 수 있다 발가락이 눌리지 않는다

4)

발명품 조상	발명품 조상의 단점
나막신	움직이기 불편하다 발이 잘 빠진다
가죽신	발바닥과 발가락이 아프다
짚신	빨리 닳는다 발을 충분히 보호해 주지 못한다 신발에 물이 쉽게 들어간다

5)

기능이 비슷한 발명품	차이점	차이점이 장점이 되는 경우
긴 장화	고무로만 만들어졌다 목이 길다	비포장도로를 걸을 수 있다/물에 젖지 않는다
등산화	발목을 보호하는 튼튼한 재료로 만들어졌다	발목이 굽히거나 삐는 것을 막아 준다
무용신	가볍고 부드럽다 발끝을 단단하게 조여 준다	발끝으로 설 수 있다

6)

공통된 특징 (부품, 재료, 모양)	장점
바닥	발바닥을 보호해 준다
몸통	발이 더럽혀지지 않게 하고, 다치지 않게 보호해 준다/신발 바닥을 고정시켜 준다
끈	신을 발에 맞게 적당히 조여 준다

발명품의 변화	2) 이 변화는 왜 단점이 되는가?	3) 이 변화는 언제 장점이 되는가?
바닥이 두꺼운 경우	신발이 무거워진다	험한 일을 할 때 좋다
발목 부분을 높게 한 경우	걷거나 활동하기 불편하다	발목을 따뜻하게 해 준다/ 발목을 보호해 준다
끈 대신 지퍼를 단 경우	신발을 꽉 조인다	끈을 맬 줄 모르는 아이들에게 편리하다/ 끈을 매고 푸는 수고를 하지 않아도 된다.

3-2

1) · 바닥은 단단하고 질긴 재료로 만들어져 발바닥을 보호한다
   · 몸통은 부드럽고 신축성 있는 재료로 만들어 움직이기 쉽게 한다
   · 끈을 이용하여 쉽게 조이거나 풀게 한다

Ⅱ. 창의적 사고력 키우기

9. 발명품에 숨어 있는 원리

물체를 고정시키는 성질을 가진 기구들을 분석, 비교, 변형하는 과정을 통하여 그 발명품을 발명하게 한 '발명의 원리'를 학습하게 된다.

▶ "오늘 여러분은 전에 배운 발명품 분석 방법들을 활용해 보는 기회를 갖게 될 것입니다. 그리고 더 복잡하고 추상적인 생각을 필요로 하는 발명품 분석 활동을 하게 될 것입니다."

첫 번째 생각여행 78~79쪽

▶ "우리는 지난 시간에 비슷한 기능을 가진 발명품의 집합에 대해서 이야기하였습니다. 이를테면, 연필, 펜, 볼펜, 분필, 사인펜 등은 필기도구라는 하나의 집합을 이루고 있습니다. 오늘은 같은 기능을 가진 발명품의 집합 중에서도 좀 더 넓은 범위의 집합에 대해서 알아보겠습니다."

1-1

못, 풀, 압정, 접착테이프, 클립, 핀(실핀, 옷핀), 집게, 볼트와 너트, 자석, 끈

▷ 이외에도 다른 예들을 얼마든지 들 수 있을 것이다.

▶ "우리는 물체 고정 기구에는 어떤 것들이 있는지 알아보았습니다. 이 기구들의 기능은 무엇이지요? (물체를 어딘가에 고정시켜서 떨어지지 않게 해 주는 기능을 갖고 있습니다.)"
"이제 그러한 물체 고정 기구들의 발명 원리는 무엇인지 구체적으로 알아볼까요?"

1-2

▶ "물체를 고정시키는 기구들 중에는 풀과 같이 물체를 접착시켜서 고정시키는 것들이 있습니다. 이 경우의 발명 원리는 물체를 어딘가에 '접착시킨다'는 것이지요."

① 물체를 어딘가에 접착시킨다.

▶ "또 다른 원리를 찾아볼까요? 못은 어떻게 물체를 고정시키나요? (물체에 박혀서 고정시킵니다.) 이것은 물체를 꿰뚫어서 고정시킨다고 할 수 있습니다."

② 물체를 꿰뚫는다.

▶ "또 고정 기구들 중에는 물체를 꽉 밀착시켜서 고정시키는 것도 있겠군요. 빨래집게나 자석 같이 말이지요. 이 경우의 고정 원리는 무엇이지요? (물체를 꽉 집거나 꾹 누르는 것입니다.)"

③ 물체를 꽉 집거나 누른다.

1-3

① 접착한다	② 꿰뚫는다	③ 꽉 집거나 누른다
테이프	못	클립
아교	나사	집게
본드	볼트와 너트	머리핀
풀	압정	클립보드
	실핀	자석
	옷핀	

생각연습 80~83쪽

▶ "(빨래집게를 하나 들어 보이며) 여기 빨래집게가 있습니다. 이제부터 여러분은 앞에서 배운 발명품의 분석, 비교, 변형 방법에 따라서 빨래집게의 발명 원리를 찾아내야 합니다."
"제일 먼저 여러분이 생각해 보아야 할 질문은 '이 발명품은 왜 이런 식으로 만들어졌는가?'입니다. 빨래집게는 왜 하필 다른 모양이 아니라 이런 모양으로 만들어졌을까요? 이 질문을 항상 염두에 두고 단계별로 분석해 보기 바랍니다."

2-1

1)

부품	부품의 기능
손잡이	빨래집게를 벌릴 때 사용한다
입	물체를 집는다 물체가 떨어지지 않게 한다
스프링	집게가 벌어지고 다물릴 수 있도록 한다

2)

▶ "첫째 칸에는 발명품에 사용된 재료를 써 넣으세요. 둘째 칸에는 그 각각에 대해서 이미 사용된 재료 외에 사용 가능한 다른 재료를 적어 넣으세요. 셋째 칸에는 발명품에 쓰인 재료가 둘째 칸에 쓰인 재료보다 좋은 이유를 쓰세요."

재료	~보다 낫다	왜 더 나은가?
플라스틱 손잡이와 입	철	가볍다 녹이 슬지 않는다
철 스프링	나무나 플라스틱	탄력성이 강하다

3)

▶ "첫째 칸에는 발명품의 모양을 적으세요. 그리고 두 번째 칸에는 실제로 사용된 모양 외에 다른 모양을 생각해 보고 적어 넣으세요."

모양	~보다 낫다	왜 더 나은가?
오돌토돌한 손잡이	미끈미끈한 모양	손이 미끄러지지 않는다
톱니 모양의 입	평범한 모양	빨래가 떨어지지 않게 해 준다
길쭉한 입	짧은 모양	빨래를 집는 부분이 기니까 집는 힘이 더 커진다

4)

▶ "두세 개의 발명품 조상을 떠올려 보세요. 플라스틱 빨래집게가 발명되기 전에 기능이 이와 비슷한 것들에는 어떤 것들이 있는지 생각해 보세요. 그리고 현재의 빨래집게와 비교했을 때 단점이라고 생각되는 것들을 적어 보세요. 이외에도 다른 발명품들이 생각나면 같은 방식으로 적어 보세요."

발명품 조상	조상의 단점
입 부분에 톱니가 없는 집게	물체가 잘 떨어진다
쇠로 만든 집게	무겁다 녹이 슬기 쉽다
나무 집게	잘 부서진다/힘이 약하다 쉽게 썩는다

5)

▶ "첫 번째 칸에는 플라스틱 빨래집게와 비슷한 기능을 가진 것 중에서 지금 사용되고 있는 것의 이름을 적으세요. 두 번째 칸에는 첫 번째 칸에 적은 발명품과 현재의 빨래집게와의 차이점을 적으세요. 마지막 칸에는 차이점이 장점이 되는 경우를 적으세요. 그 밖의 것이 더 생각나면 같은 방식으로 비교해 보기 바랍니다."

비슷한 기능을 가진 발명품	차이점	차이점이 장점이 되는 경우
나무 집게	재료가 나무로 되어 있다	비용이 적게 든다
쇠로 만든 집게	재료가 쇠로 되어 있다	잘 부서지지 않는다

6)

▶ "앞서 예로 든 것들도 모두 포함해서 플라스틱 빨래집게와 비슷한 기능을 가진 발명품들을 하나씩 떠올려 보세요. 어떤 공통점이 있나요? 이러한 발명품들의 공통점을 부품, 재료, 모양의 측면에서 찾아보고, 그 공통점들이 어떤 점에서 편리한지 장점들을 적어 보세요."

공통된 특징 (부품, 재료, 모양)	장점
빨래를 집는 입 부분이 톱니 모양	빨래를 힘있게 고정시켜 준다
스프링을 이용	집게를 벌리고 다물려 빨래를 집을 수 있다

2-2

1) · 톱니 모양의 입은 빨래가 떨어지지 않게 해 주고, 스프링을 사용하여 힘 있게 고정시켜 준다.
   · 플라스틱 재료를 사용하여 가볍고 녹이 슬지 않는다.

2) 3) 4)

변화	이 변화는 왜 단점이 되는가?	이 변화는 언제 장점이 되는가?
빨래를 집는 입 부분을 더 길게 한다	무거워진다 사용이 불편하다	큰 빨래를 고정시키는 데 좋다
알루미늄 금속으로 만든다	만드는 비용이 비싸다	가볍다 튼튼하다
입 부분을 평평하게 한다	빨래가 잘 빠진다	빨래에 자국이 남지 않는다

Ⅱ. 창의적 사고력 키우기

10. 발명품 평가하기

여기서는 발명품의 장점과 단점을 찾아내는 활동, 즉 발명품 평가하기를 학습하도록 구성되어 있다. 발명품을 잘 평가하게 되면, 그 발명품 속에 숨겨진 발명의 원리 또는 창의적 사고를 찾아낼 수 있게 되고, 발명품을 더욱 사용하기 편하고 유익한 것으로 새로이 만들 수 있게 된다.

▶ "발명품을 평가한다는 것은 발명품의 장점과 단점을 찾아내는 일을 말합니다. 우리는 발명품을 평가하면서 발명품 속에 숨겨진 창의적 사고를 찾아낼 수가 있는 것입니다. 또 발명품을 잘 평가함으로써 그것을 더 사용하기 편하고 유익한 것으로 만들 수가 있는 것이지요."
"이제부터 어떤 평가 기준으로 발명품을 평가하게 되는지 그 평가 방법을 알아보고 직접 평가도 해 보기로 하겠습니다."

첫 번째 생각여행 84~85쪽

▷ 여기에서 제시되고 있는 평가의 기준은 모두 6가지이다. 학생들로 하여금 이 6가지 평가 기준이 어떤 중요성을 갖는가를 알게 하고, 그 평가 기준들을 가지고 주어진 발명품을 적절하게 평가할 수 있도록 한다.

1-1

1) ㉮ 책상 다리가 튼튼해야 한다
   ㉯ 높이가 알맞아야 한다. 높이를 조절할 수 있으면 더욱 좋다.
   ㉰ 책상 윗면이 글씨 쓰기에 좋아야 한다.
   ㉱ 이동하기에 편리해야 한다.
   ㉲ 전체가 매끈하고 모난 곳이 없어야 한다.
   ㉳ 색깔이 보기 좋아야 한다.
   ㉴ 가격이 싸야 한다.
   ㉵ 교실 바닥이 긁히지 않게 보호 장치가 달려 있어야 한다.

▶ "여러분은 학교 책상과 같이 일상적인 물건에서 '가장 이상적인 조건'을 찾는 것이 그다지 어렵지 않을 것입니다. 하지만 무엇보다도 중요한 것은 그러한 내용을 체계적으로 정리하는 일입니다. 따라서 책상을 포함한 어떤 물건이든지 그것을 평가할 때 사용할 수 있는 6가지 기준을 소개하겠습니다. 이 6가지 기준은 어떠한 발명품을 평가하더라도 꼭 필요한 기준이므로 잘 기억해 두기 바랍니다."

2) ① 가 ② 마, 바 ③ 나, 라 ④ 마, 아
   ⑤ 사 ⑥ 다

두 번째 생각여행 86~87쪽

▷ 발명품 평가의 두 가지 목적
① 어떻게 하면 좀 더 좋은 발명품(물건)을 구입할 수 있는가?
② 어떻게 하면 그 발명품을 좀 더 좋은 것으로 만들 수 있는가?

2-1

▶ "발명품을 평가한다는 것은 그 발명품의 장점과 단점을 찾아내는 일이기도 합니다. 또 우리는 여러 가지 이유와 상황에 의해서 발명품을 평가하게 됩니다. 그 한 예로서 앞에서 살펴본 책상의 경우처럼 어떻게 하면 좀 더 좋은 책상을 살까 결정하기 위해서 책상이라는 발명품을 평가했습니다. 또 어느 경우에는 특정한 발명품을 더 좋은 것으로 만들기 위해서 평가를 하기도 합니다."

1)

평가 기준	무엇과 비교했을 때인가?
1. 오래 사용할 수 있는가? + − 쉽게 닳아 없어진다	일반 고무 지우개
2. 모양과 색깔이 아름다운가? + −	일반 고무 지우개
3. 사용이 편리한가? + 연필 끝에 달려 있으니까 편리하다 −	일반 고무 지우개
4. 안전한가? + −	일반 고무 지우개
5. 비용이 적당한가? + 따로 비용이 들지 않는다 −	일반 고무 지우개
6. 좋은 결과를 낼 수 있는가? + − 완전하게 지워지지 않고 자국이 남는다	일반 고무 지우개

▶ "발명품을 평가하는 첫 번째 일은 6가지 기준에 따라서 주어진 발명품의 장점과 단점을 알아보는 일입니다. 만약 가능하다면, 각각의 평가 기준 옆에 주어진 발명품과 비교가 될 만한 다른 발명품의 이름을 적어 넣으세요."

2) ① 중요한 기준:사용이 편리한가?

그 이유:지우개를 따로 들고 다닐 필요가 없이 수시로 사용할 수 있으므로 편리하다.

② 중요한 기준:좋은 결과를 낼 수 있는가?

그 이유:연필지우개는 지우개가 따로 필요 없는 장점이 있지만 일반 고무 지우개에 비하면 말끔하게 지워지지 않는다.

▷ '안전한가', '모양과 색깔이 아름다운가', '오래 사용할 수 있는가', '비용이 적당한가' 등은 그다지 연필지우개의 중요한 기준이 되지 못한다.

생각연습 88~89쪽

3-1

▶ "호주머니는 여러분이 입고 있는 옷에 달려 있습니다. 바지에도 있고, 윗옷에도 있습니다. 물론 호주머니가 없는 옷들도 있습니다. 그러나 대부분의 옷에는 이 호주머니가 하나쯤은 달려 있습니다. 만약 호주머니가 없다면 사람들은 아마 많은 불편을 겪게 될 것입니다. 이러한 호주머니를 발명품 평가의 단계에 따라서 평가해 보도록 할까요?"

1)

평가 기준	무엇과 비교했을 때인가?
1. 오래 사용할 수 있는가? + − 구멍이 나거나 뜯어지기 쉽다	손가방
2. 모양과 색깔이 아름다운가? + −	손가방
3. 사용이 편리한가? + − 손이 자유롭다	손가방
4. 안전한가? + −	손가방
5. 비용이 적당한가? + 따로 비용이 들지 않는다 −	손가방
6. 좋은 결과를 낼 수 있는가? + 작은 물건을 넣고 다니기 좋다 − 물건을 많이 넣지 못한다	손가방

2) ① 중요한 기준:사용이 편리한가?

그 이유:작은 물건들을 손에 들고 다니거나, 따로 가방 같은 것에 넣어 가지고 다닐 필요가 없어 손이 자유롭다.

② 중요한 기준:좋은 결과를 낼 수 있는가?

그 이유:늘 몸에 지니고 다녀야 할 작은 물건들을 특별히 신경 쓰지 않고 가지고 다닐 수 있다. 반면에 물건을 많이 넣을 수는 없다.

Ⅱ. 창의적 사고력 키우기

11. 발명품 개선하기

주어진 발명품의 단점을 찾아내고, 그 단점을 개선하여 새로운 발명품을 창안하는 방법을 공부하게 된다.

▶ "우리가 일상생활에서 사용하는 발명품들 중에서 처음 발명되었을 때의 모습을 그대로 간직하고 있는 것은 거의 없습니다. 다시 말해서 그것들은 사람들이 사용하기에 좀 더 편리한 모습으로 조금씩 변하여 온 것입니다. 이렇게 발명품들은 조금씩 발전된 모습으로 개선되어 왔습니다."

다고 생각되는 모든 방법들을 생각해 보고, 그중에서 가장 좋은 방법을 하나씩 선택해서 구체적으로 실행합니다. 이것은 아주 자연스러운 과정입니다. 이제 이러한 각각의 단계들을 이용해서 체계적으로 발명품을 개선하는 방법에 대해서 알아보도록 할까요?"

첫 번째 생각여행 90~91쪽

1-1

▶ "이제부터 어떤 하나의 발명품을 좀 더 좋은 것으로 만들기 위한 방법을 알아보도록 하겠습니다. 발명품을 개선하려면 제일 먼저 그 발명품의 어떤 부분을 개선할 것인지를 결정해야 합니다. 그런 다음 여러 가지 해결 가능한 방법을 생각해 보고 그 가운데 가장 좋은 해결 방법을 선택합니다. 그리고 마지막으로 실제 적용을 해 보고 개선하면 되는 것이지요."

1) ① 때때로 단추가 떨어져 버린다.
   ② 떨어진 단추를 새로 달기가 귀찮다.
   ③ 단춧구멍에서 단추가 저절로 빠진다.
   ④ 단춧구멍에 단추가 잘 안 들어갈 때가 있다.
   ⑤ 단추를 채우는 것이 귀찮을 때도 있다.

2)
▷ 여기에서는 때때로 단추가 저절로 빠지는 경우가 있다는 문제점을 선택하고 생각해 보기로 한다.
   ① 단추가 저절로 빠지는 경우가 있다.
   ② 단춧구멍을 조금 작게 한다. 단추를 조금 크게 한다. 단추 대신 지퍼를 단다.

▶ "이 중에서 가장 좋은 방법을 한 가지 선택한다면? (단춧구멍을 조금 작게 만든다. 단추를 큰 것으로 갈거나 지퍼를 새로 다는 것보다 비용이 덜 들기 때문이다.)"

▶ "이상의 과정을 간단하게 요약해 보겠습니다. 발명품을 개선하고자 할 때에는 우선 해결하고자 하는 문제를 명확하게 확인해야 합니다. 그런 다음에는 그 문제점이 해결될 수 있

두 번째 생각여행 92~94쪽

2-1

2)
▶ "이 단계에서는 6가지 평가 기준에 비추어서 발명품의 단점을 평가해 보아야 합니다. 각각의 기준에 비추어 보았을 때의 단점을 적고, 그 옆에는 비교가 되는 다른 발명품의 이름을 적으면 됩니다."

평가 기준	무엇과 비교했을 때인가?
1. 오래 사용할 수 있는가? + - 잘 부러진다	색연필
2. 모양과 색깔이 아름다운가? + -	색연필
3. 사용이 편리한가? + - 옷이나 손에 묻어난다 짧아지면 쥐기 힘들다	색연필
4. 안전한가? + -	색연필
5. 비용이 적당한가? + - 한 벌로만 사야 하기 때문에 자주 쓰는 색은 따로 살 수 없어 비용이 많이 든다	색연필
6. 좋은 결과를 낼 수 있는가? + -	색연필

3)
▷ 위의 문제들 중에서 한 가지를 선택하여 생각해 본다. 예컨대, '짧아지면 쥐기 힘들다'를 선택한다.

2-2

1)
▶ "문제를 해결하기 위해서 해야 할 첫 번째 단계는 문제를 해결할 수 있는 아이디어를 찾는 일입니다. '크레파스가 손에 묻고 짧아지면 잡기 힘들다'는 문제점을 해결할 수 있는 아이디어로는 어떤 것들이 있을까요?"

① 몽당연필을 쓸 때처럼 끼우개를 만들어 사용한다.
② 작은 조각들을 모아서 불에 녹인 다음 길쭉하게 만들어 사용한다.
③ 크레파스가 손에 안 묻게 특수 약품 처리를 하거나 종이로 감싼다.

2)
▶ "이제 좋은 아이디어가 많이 나왔으니까 두 번째 단계로 넘어가 봅시다. 우리가 해야 할 일은 첫 단계에서 생각한 아이디어 중에서 한 가지 아이디어를 선택하는 것입니다. 이 가운데 실현성이 부족한 것은 없는지 찾아보고 빼 버리는 것입니다. 최종적으로 남는 가장 좋은 아이디어는 무엇인가요?"

몽당연필을 쓸 때처럼 끼우개를 만들어 사용한다.

3)
▶ "여기에서는 우리의 생각을 구체화시켜 나가야 합니다. 먼저 부품, 재료, 모양을 생각해 보고, 우리가 발명해 낸 것이 어떻게 작동될지 생각해야 합니다. 이러한 세부 사항들을 명확히 하는 일이 무엇보다 중요합니다. 아이디어를 다듬고 덧붙여서 실현 가능하게 만드는 단계입니다."

① 구멍이 있는 손잡이
② 플라스틱
③ 둥근 대롱 모양

2-3

1)

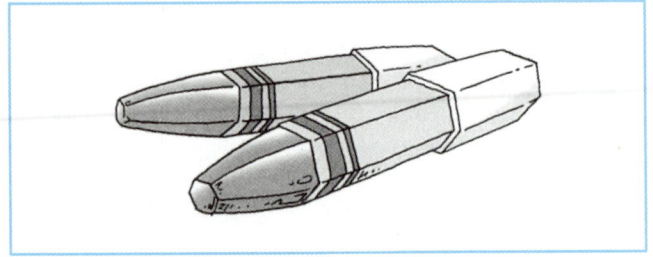

2) 손으로 잡는 크레파스 몸통 부분은 부드럽고 탄력성 있는 플라스틱 대롱으로 감싼다. 이 손잡이는 크레파스가 손에 묻거나 가루가 떨어지는 것을 막아 준다.

▷ 각자 문제점을 가진 발명품 한 가지를 정하고, 그 문제점을 개선할 수 있는 방법을 생각해 보게 한다.
적당한 시간을 주어 문제를 해결하게 한 후, 돌아가면서 발표를 해 보게 한다. 다른 학생들의 발표를 들으면서 더 나은 해결책이나 아이디어를 생각해 내는 학생이 있으면 그때그때 말하게 한다.

생각연습 94~97쪽

3-1
답 생략

3-2
답 생략

3-3
답 생략

Ⅱ. 창의적 사고력 키우기

12. 발명품 만들기

지금까지 배운 것을 바탕으로 발명품을 직접 고안하는 활동을 해 보도록 구성되었다.

▶ "여러분, '발명'이란 무엇을 가리키나요? (무엇인가를 새롭게 만드는 것입니다.)"

"아주 틀린 대답은 아닙니다. 사람들은 보통 '발명'을 한다고 하면 무엇인가 전혀 '새로운 것'을 창의적으로 만들어 내는 것으로만 생각합니다. 그러나 누군가가 아주 새로운 것을 만들어 냈다고 하더라도, 그것들은 대부분 이미 과거에 있었던 것과 관련되지 않을 수 없습니다. 어쩌면 이전에 없던 전혀 새로운 것을 만들어 내는 것은 불가능한 일일지 모릅니다."

"지난 시간에 우리는 이미 만들어져 있는 발명품을 개선하는 일을 해 보았습니다. 오늘은 좀 더 새로운 발명품을 여러분이 직접 만드는 활동을 해 보겠습니다. 물론, 새로운 발명품을 만드는 방법은 이미 있는 발명품과 깊은 관련을 맺을 수 밖에 없고, 발명품을 개선하는 방법과도 아주 비슷합니다."

첫 번째 생각여행 98~99쪽

▶ "우리는 이제 무엇인가 새로운 것을 발명하려고 합니다. 제일 먼저 무엇을 해야 할까요? (무엇을 만들어야 할지 결정해야 합니다.) 그렇습니다. 그러면 다음과 같은 문제가 생겼다고 가정하고, 그 문제를 해결할 수 있는 발명품이 무엇이어야 하는지 생각해 봅시다."

1-1

1) ① 사용이 편리한가?
   ② 비용은 적당한가?
   ③ 좋은 결과를 낼 수 있는가?

▶ "대충 문제가 확인되었나요? 발명품 개선 방법에 대해서 배운 것과 마찬가지로, 일단 문제를 확인한 다음에는 그 문제를 해결할 수 있는 방안을 찾아야 합니다. 어떻게 하면 신발 걸이를 만들 수 있을지 생각해 보세요. 한 가지 예로 신발을 따로따로 여러 개 넣을 수 있는 주머니 같은 것은 어떨까요?"

2) ① 신발을 따로따로 넣을 주머니를 여러 개 이어서 달아 놓는다.
   ② 나무판자에 못을 여러 개 박고 신발을 걸어 둔다.
   ③ 비닐이나 천으로 만든 신발주머니를 많이 만들고, 나무 기둥에 고리를 달아 걸어 둔다.

▷ 이외에도 다양한 아이디어들이 더 나올 수 있을 것이다.

▶ "여러 가지 아이디어가 제시되었군요. 이제 발명품 개선 방법에서처럼 이 아이디어 중에서 한 가지만 선택하여 다듬어 보도록 합시다. 이러한 방법은 우리가 무엇인가를 새롭게 발명할 때 당연히 하게 되는 아주 자연스러운 과정입니다."

3) 답 생략

▷ 학생들로 하여금 위에서 제시된 아이디어들 중에서 한 가지를 선택하게 하고, 그것을 좀 더 세밀하게 진술하고 그림으로 나타내어 보게 한다.

▶ "지금까지 우리가 해 온 활동을 좀 더 체계적으로 정리해서 '새로운 발명품 만들기'의 단계를 구분해 봅시다. 새로운 것을 발명하는 방법은 크게 세 부분으로 나뉘어집니다.

① 맨 먼저 우리가 만들어 내고자 하는 것이 무엇인지 알아내기 위해 〈문제 확인하기〉 활동이 있게 됩니다.

② 다음으로 해야 할 일은 〈문제 해결하기〉입니다. 확인된 문제를 해결하기 위해서 아이디어를 짜내고 가장 알맞은 아이디어 하나를 선택하는 단계입니다.

③ 발명품 만들기 세 번째 단계는 〈발명품을 그림이나 설명으로 나타내기〉입니다. 앞에서 잘 다듬어 구체화시킨 아이디어를 그림과 설명으로 나타내는 단계입니다."

두 번째 생각여행 100~102쪽

2-1

1) 하수구 틈 사이로 빠진 작은 물체를 끄집어 낼 수 있는 도구
2) ① 좋은 결과를 낼 수 있는가?
   ② 사용하기 편리한가?
   ③ 비용이 적당한가?

2-2

1) ① 끝에 자석이 달린 긴 막대기를 사용한다.

   ② 끝에 갈고리가 달린 긴 막대기를 사용한다.

   ③ 길고 가느다란 펜치를 사용한다.

   ④ 끝에 끈적끈적한 물질을 붙인 막대기를 이용한다.

2)
▷ 위에서 제시된 아이디어들을 하나씩 검토하면서 각각의 경우에 어떤 문제점이 있는지 알아본다. 그리고 나서 가장 좋은 아이디어가 무엇인지 결정한다.

▶ "끝에 자석이 달린 막대기를 사용한다는 아이디어의 문제점은 없나요? (철로 만든 것은 꺼낼 수 있지만 동전같이 자석에 붙지 않는 것은 꺼낼 수 없습니다.)"

"길고 가느다란 펜치를 사용하는 것은 어떤가요? (바닥 깊이까지 닿으려면 상당히 길어야 하고, 구멍이 좁으면 펜치의 입을 열기가 힘듭니다.)"

"이렇게 가능성이 없는 아이디어들은 제외시켜 놓고 여기에서는 다음과 같은 아이디어를 선택했다고 가정해 봅시다."

끝에 끈적끈적한 것이 달린 긴 막대기를 이용한다.

3)
▶ "이번에는 앞서 나왔던 '발명품 평가 기준'을 염두에 두면서 두 번째 단계에서 선택한 아이디어의 세부 사항들을 다듬어 나갑시다. 여기서 세부 사항이라는 것은 크기, 재료, 모양, 사용 방법 등을 말합니다. 다시 한 번 강조하지만 우리가 만드는 것은 실제로 사용 가능한 것이어야 합니다."

   ① 막대, 막대 끝에 붙일 물질

   ② 막대:나무, 플라스틱, 굵은 철사

   막대 끝에 붙일 물질:껌, 테이프, 접착제

▷ 각각의 재료들 중에서 가장 적합한 것이 무엇인지 함께 검토해 본다.

▶ "막대 끝에 붙일 물질로는 어떤 것이 알맞을까요? (액체로 된 접착제나 테이프는 물속에서 접착력이 떨어지므로 잘 붙지 않습니다. 껌이나 고무찰흙 같은 것을 끝에 뭉쳐서 매답니다.)"

   ③ 빠진 동전에 닿을 정도로 긴 막대의 끝을 구부린 다음, 접착 물질을 붙인다.

   ④ 끝에 껌이나 고무찰흙 같은 접착 물질이 붙은 막대를 밀어 넣고 꾹 눌러서 동전을 붙여 끄집어낸다.

2-3

▶ "지금까지 구체화시킨 아이디어를 간단하게 그림으로 나타내어 보고, 각 부분의 이름도 적어 넣어 보세요. 그리고 그 밑에는 발명품을 어떻게 사용하는지 설명해 주기 바랍니다."

1)

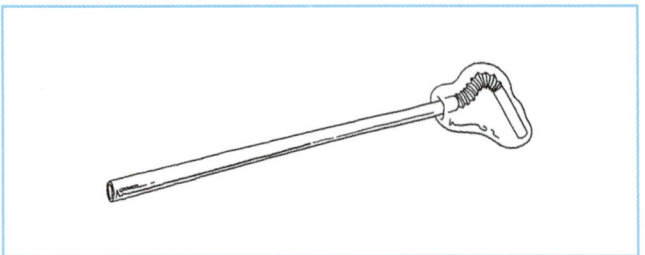

2) 플라스틱 막대의 끝을 둥그렇게 구부린다. 껌이나 고무찰흙을 플라스틱 막대의 끝에 붙인다. 그 막대를 물체가 빠져 있는 하수구나 틈 사이로 집어넣은 다음, 물체 위에 놓고 꾹 누른다. 그리고 꺼내면 된다.

생각연습 103~105쪽

3-1

1) 가볍고 쉽게 가지고 다닐 수 있는 의자

2) ① 좋은 결과를 낼 수 있는가?

   ② 사용이 편리한가?

   ③ 비용이 적당한가?

3-2

1) ① 공기를 넣어 부풀릴 수 있는 의자

   ② 다리를 접을 수 있는 의자

   ③ 의자로 전환시킬 수 있는 핸드백

▷ 이 중에서 공기를 넣어 부풀릴 수 있는 의자를 발명해 보기로 한다.

2) 공기를 넣어서 부풀릴 수 있는 의자

3) ① 주름이 있는 플라스틱 튜브, 공기 주입구, 마개

   ② 접을 수 있는 부드러운 플라스틱

   ③ 접을 수 있는 튜브 모양

   ④ 튜브의 공기 주입구를 통해서 공기를 넣고 마개로 막는다.

3-3

1)

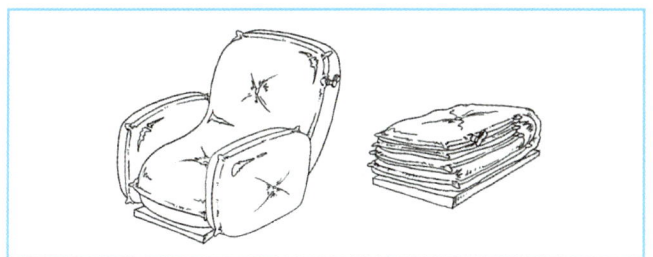

2) 부드러운 플라스틱 재료로 만들어 사용하지 않을 때는 작게 접어 놓을 수 있다. 다시 사용할 때는 튜브를 통해서 공기를 불어넣고, 공기가 빠져 나오지 않도록 마개를 막는다.

5단계 평가문제
108~114쪽

1

1)

등장인물	행동	결과
참나무	자기는 덩치가 크고 튼튼하다고 뽐냄/다른 나무들을 무시함	폭풍과 맞서다가 뿌리가 뽑힘
갈대	거센 폭풍에 맞서지 않고 고개를 숙임	거센 폭풍에도 살아남음

2) 자기의 힘만 믿고 우쭐대거나 뽐내지 말고, 항상 겸손하게 행동해야 한다. 자기만 잘났다고 우쭐대거나 자랑하지 말고 주변 사람들을 존중하고 겸손해야 한다.

2

1) 배나 널을 만들기에도 적당하지 않고, 다른 용도로 쓰기에도 적당하지 않은 천하의 쓸모없는 나무이다.

2) 사람들에게 베어지지 않고 오래오래 살아남을 수 있었다.

3) 하지만 나는 사람들에게 아무런 쓸모가 없었기 때문에, 사람들에게 괴롭힘을 당하지 않고 이렇게 천수를 다 누리면서 편안하게 살아남을 수 있는 것이다.

3

텔레비전, 휴지, 자전거, 지우개, 선풍기

4

1)

부품	부품의 기능
손잡이	손으로 잡을 수 있게 해 준다
우산살	펼쳤을 때 우산 막 전체를 지탱해 준다
우산 막	비나 눈을 막아 준다

2)

재료	~보다 낫다	왜 더 나은가?
손잡이(플라스틱, 나무)	돌, 쇠	만들기 쉽고 가볍다
우산살(금속)	나무, 종이	튼튼하다
우산 막(비닐, 합성섬유)	망사, 종이	빗물이 새지 않고 튼튼하다

3)

모양	~보다 낫다	왜 더 나은가?
구부러진 손잡이	곧은 손잡이	잡기 쉽고 손에서 미끄러지지 않는다
가늘고 긴 우산살	굵고 짧은 것	쉽게 펼치거나 접을 수 있고, 가볍다
둥근 우산 막	세모나 네모 모양	비를 골고루 막는다/접기가 쉽다

4)

발명품의 조상	조상의 단점
볏짚이나 갈대를 엮은 것	빗물이 스며든다
삿갓이나 모자	몸 전체를 가려 주지 못한다

5)

기능이 비슷한 발명품	차이점	차이점이 장점이 되는 경우
챙 넓은 모자	머리에 눌러 쓴다/비를 완전하게 피하지 못한다	손에 들고 다닐 필요가 없다
비옷	몸에 걸친다/작게 접을 수 있다	손에 들고 다닐 필요가 없고 몸 전체를 가릴 수 있다

6)

발명품 집합의 공통된 특징 (부품, 재료, 모양)	장점
구부러진 손잡이	손에 잡기 쉽고, 미끄러지지 않는다
가늘고 긴 우산살	가볍고 접고, 펴기가 쉽다
튼튼한 재질의 둥근 우산 막	몸을 가리기 쉽고, 빗물에 쉽게 찢기지 않는다

5

1) 구멍이 송송 뚫린 넓적한 머리 부분:파리를 잡기에 알맞다. 공기의 저항을 줄인다.

    길쭉한 막대:조금 떨어진 곳에 있는 파리도 잡을 수 있다.

    오돌토돌한 손잡이:손으로 잡았을 때 미끄러지지 않는다.

2) 3) 4)

변화 (부품, 재료, 모양)	이 변화는 왜 단점이 되는가?	이 변화는 언제 장점이 되는가?
머리 부분을 더 크게 만든다	머리 부분이 흔들거리고 무겁다/파리가 눈치채고 도망가기 쉽다	많은 파리를 한꺼번에 잡을 수도 있다
막대 부분을 더 길쭉하게 만든다	휘어지거나 부러지기 쉽다	더 먼 곳에 있는 파리를 잡기 쉽다
손잡이 부분을 매끄럽게 만든다	손에서 미끄러지기 쉽다	

6

답 생략